「体感イメージ」で願いをかなえる

山崎啓支

SB
サンマーク文庫

文庫版まえがき

本書の単行本（旧題『願いがかなうＮＬＰ』）が出版されて、五年の月日が流れました。

いまでも、「勇気をもらいました」「この本の手法を実践して夢をかなえました」などと、わざわざ本書の感想を送ってくださる方々がおられます。また、本書をきっかけとして私に会いに来てくださる方もあとをたちません。

この本には、何か特別な力が宿っているように思えてなりません。

このたび、文庫化にあたって久しぶりに読み返し、本書を書いた当時のことを鮮明に思い出しました。「人は変われる」という希望が伝わる本になればと、心を込めて書いたものです。

この五年間で、さらに詳細に願望実現法を検証でき、本書には願望実現に関する決定的に重要な内容が書かれている、とあらためて断言できます。

また、たんに夢実現の手法を知るにとどまらず、これまでこの本を読まれた方々は自分の人生全体に希望がもてるようになっています。

なぜなら、「願いがかなう」のみならず、人生の「どん底」にいると感じている人が、そこを脱することができ、そして自分らしい夢をかなえるまでになれるとイメージすることができるからです。

この本はもともとわかりやすい体験談を通して、夢をかなえる方法を理解してもらえるようにまとめたものです。したがって、手軽な文庫本が似合います。軽いエッセイを読むように、楽しんでいただけるのではないかと思います。

今回、文庫化に際して『「体感イメージ」で夢をかなえる』と改題するにあたり、構成を練り直しました。この特別な力が宿っている本をあらためて世に問えればと思っています。

本書がさらに多くの方々にとって希望を提供するものとなれば、これに勝る喜びはありません。

二〇一四年九月

山崎　啓支

まえがき

この本は、私がこれまで行ってきた「願望実現特別セミナー」で語った内容を一冊にまとめたものです。これまでたくさんのセミナーを行ってきましたが、このテーマは私にとってもっとも思い入れが深いもののひとつです。なぜなら、この内容は、私の体験そのものだからです。

この本でご紹介するノウハウそのものが、私が実際に体験したユニークな出来事がベースになっています。そして、だからこそ、この本はあなたにとって好ましい変化をつくりだすための行動に導く実践書になり得るのです。

私は職業柄、セミナーに参加してくださる受講生のみなさまに、どうすれば満足のいく体験を提供できるかを、いつも考えています。

セミナーを行う目的とは、何でしょうか。

それは、ただ単に情報と、それを知ることによる満足を提供することではありません。

なぜなら、参加される方にとって本当に大切なのは、そこで学んだことを、日常生活においてどれだけ活《い》かせるかということだからです。好ましい変化とは、知っていることを実際に行動に移した人にのみ訪れるものなのです。

では、人を行動に導くものは何なのか？

それは、強い意欲（モチベーション）です。それは頭で考えるものではなく、胸やおなかで感じるもの、身体で受け止めるものなのです。

そのような人の意欲（モチベーション）を引き出すためには、どのようなコミュニケーションをとる必要があるのでしょうか。

その答えのひとつが、この本で示したように「実際の体験を語る」ということなのです。血の通った実際の体験以上に、人の心を打つものはないのです。

人の心を打ち、強い意欲を引き出すためには、実感がこもった説得力のある話が必要です。それを行うには、心の底から本当に思っていることを語らなければならないのです。

この本はＮＬＰ（神経言語プログラミング）という心理学的手法をわかりやすくご紹介した入門書であるとともに、ＮＬＰを用いた願望実現というテーマでは比類のない実践の書です。

しかし、私は決してＮＬＰの理論や知識を知っていただきたいために本書を書いたわけではありません。まず私という人間の体験が先にあり、その体験を深く語る手段としてＮＬＰという手法を使わせていただいたにすぎません。理論や知識が先にあったならば、借り物の土台の上に建物を建てるようなもので、それでは読者のみなさんの心に届く内容にはならないでしょう。

そのようにしてできた本だからこそ、これまでにないオリジナルな解釈によってＮＬＰの基礎理論をご紹介できたのではないかと思います。

ＮＬＰについてまったく知らない方にとってもわかりやすく、またすでにＮＬＰを学んだことのある方にも、新たな視点を提供できる画期的な本になったものと自負しています。

本書を通して、どうか生身の人間の可能性を身体で実感していただきたい。その可能性を発揮するために、ここにご紹介したNLPの手法を実践していただきたい。

そして、すばらしい願望を実現させていただきたいと思っています。

そして本書が、読まれた方々が喜びに満ちた人生を歩むきっかけとなれば、これにまさる喜びはありません。

山崎　啓支

二〇〇八年十二月

「体感イメージ」で願いをかなえる ● 目次

第3章●願望を引き寄せる磁石をつくる

第6章●人は何によって変わるか

エピローグ●本当のしあわせをつかむために

構　成――山田由佳
編集協力――乙部美帆
編　集――斎藤竜哉＋黒川可奈子（サンマーク出版）

プロローグ——ほしい未来を手に入れる方法がある

夢や願望は、引き寄せるもの

あなたはいま、どんな願望をもっていますか?

有名な企業に入りたい――。
起業したい――。
もっとやりがいのある仕事をしたい――。
お金持ちになりたい――。
ヒット商品を生み出したい――。
ステキな人と結婚したい――。
庭つき一戸建てに暮らしたい――。
海外で暮らしたい――。

……きっと、さまざまな願望があることでしょう。
その願望が実現したときのことを想像してみてください。

そこには、海外旅行先で現地の人と楽しく会話をしているあなたの姿があるかもしれません。生のブロードウェイミュージカルを観て感動している姿があるかもしれない。海外に出張し、英語で商談をしている姿があるかもしれない。

こんなふうに、願望そのものについて考える作業は、非常にワクワクするもの、心躍るものです。

では、その願望を実現させるためには、どうすればよいのでしょうか？

私たちが子どものころからよくいわれていたのは、「夢をつかむためにはコツコツ努力をしなさい」「目標実現のためには、計画的な行動をしなさい」といった言葉でした。

願望、夢、目標はずっと遠くにあって、それを実現させるためにはいくつものステップを経なければならない。そのステップを上がっていくためには、地道な努力が必要――。

願望実現の過程には、そんなイメージがありました。夢や願望そのものを考える作業はとても楽しいのに、いざ実現に向けてのことを考えると、とたんにつまらなくなってしまう。**夢や願望が、なんだか果てしなく遠いもののように感じられてし**

まうのです。

その原因は、「夢や願望はつかみとりにいくものだ」という前提にあります。夢や願望は遠い未来にあり、それをつかみにいくことが願望実現だ、という前提です。

本書はＮＬＰの理論と技法を用いて願望実現の方法を解説していきますが、ＮＬＰでは「つかみにいく」ことだけではなく、「夢や願望を手に入れるのにふさわしい自分をつくる」ことも大切にします。

「夢や願望を手に入れるのにふさわしい自分をつくる」という発想は「夢や願望を引き寄せる」という発想につながります。なぜなら、あとのページで詳しくご紹介しますが、夢や願望はいま（現実）のあなたの状態が反映されたものだからです。

つまり、

夢や願望は、あなたのほうをめがけて、外側からやってくるもの。あなたが引き寄せるもの。

と考えるのです。

NLPでは、目標や願望のことを「アウトカム（OUTCOME）」と呼びます。OUTとは「外側」、COMEは「（外側から）来る」という意味です。

つまり、あなたが遠い未来にある願望に向かっていくのではなく、現在のあなたが未来の願望を引き寄せるというわけです。

ダメ社員からトップセールスマンへ

現在、私はこのNLPのトレーナーとして独立しています。ありがたいことにセミナーには毎回多くの受講生が来てくださり、充実した日々を送っています。

しかし以前は、ある経営コンサルタント会社に勤めるうだつの上がらないセールスパーソンでした。

並みのセールスパーソンではありません。営業成績は、社内でダントツのビリでした。自分のノルマが達成できないどころではないのです。お客様への対応でミスをし、先輩社員が苦労してとってきた契約をキャンセルさせてしまうような事態をしばしば引き起こしていました。しょっちゅう失敗ばかりで、クレームの原因もたびたびつくっていたのです。当時の私は、毎日を暗澹《あんたん》たる思いで過ごしていました。

しかし、あるときのある出来事を境に、私は変わったのです。

ゼロどころではない、マイナスの営業成績を出していた私が、社内トップのセールスパーソンとなりました。営業成績は、ほかの営業担当の社員たちのトータルより上をいくようになりました。ずば抜けて最悪だった成績が、ずば抜けてよくなったのです。ほかの社員たちが私に接する態度もみるみる変わっていきました。

何もかもが好転しました。まさに世界がガラッと変わったという感覚だったのです。

当時は、このときなぜ私が劇的に変われたのかよくわかりませんでした。しかし後にNLPを知り、学んでいくうちに「ああ、あのとき私が劇的に変わったのはこういうことだったのか」とわかるようになったのです。

私が変わった理由とは、**ひとことでいえば「脳の使い方」にあったのです。**

私が特別な脳をもっている、ということではありません。人間がだれしももっている脳の機能を、願望を実現させる方向に起動させたにすぎないのです。

つまり、脳の機能を知り、願望を実現させる方向に向けた脳の使い方をすれば、人はだれでも願望を実現させることができる。自分の望む未来を手に入れることが

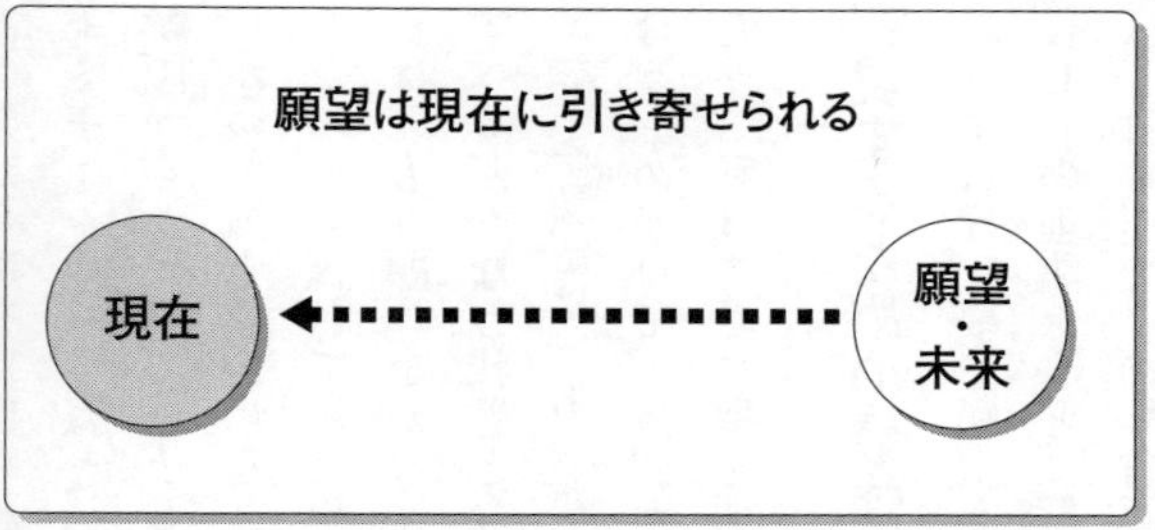

できる。人はだれでもそういうすばらしい力をもっている、と気づいたのです。

そして私は自然と、日々の生活のなかでNLPの理論を実践していくようになりました。常に願望を実現させる方向に脳を活用するようになったのです。

すると、願ったことはすべてかなうようになりました。

会社員という立場をやめ、「人はだれでも変われる」ということを多くの人に伝える仕事をしたい。そう願うと、本当にそうなりました。

本を出版したいと思うと、先輩が出版の話をまとめてくださいました。二冊目はこんな本を出したいと思っていると、別の出版社の方から声をかけられました。

海外でセミナーをやってみたいと思うと、「ぜひセミナーをやってほしい」という電話が韓国からかかってきました。

年収は、かつての十数倍になりました。

子どものころから憧れていた車を、手に入れることもできました。

いまの私は、もう願いをかなえようとは思わなくなりました。**何かを強く願わなくても、すべてがかなう状態となったからです。**

先ほど、「夢や願望は、あなたがつかみとりにいくだけではない。夢や願望は、あなたのほうをめがけて、外側からやってくるもの。あなたが引き寄せるもの」と述べましたが、私はまさに夢を引き寄せる状態となったのです。

願望を実現するための最強のツール

では、どうすれば「夢や願望を引き寄せる状態」となるのか。

それをＮＬＰの理論をもとに解説していくのが本書です。

ＮＬＰは、日本語で「神経言語プログラミング」と訳されます。一九七〇年代に米国のリチャード・バンドラー博士とジョン・グリンダー博士が基礎理論を確立しました。

彼らは、当時天才といわれた三人のセラピスト（ゲシュタルト心理学のフリッツ・パールズ、催眠療法のミルトン・H・エリクソン、家族療法のバージニア・サティア）の研究からスタートさせました。この三人のセラピストたちは、ほかのセラピストたちが何年かかっても治療することができなかったクライアントですら、短期間に治療したといわれています。

バンドラーとグリンダーは、「どのようにして彼ら三人のセラピストは、迅速に効果的に治療を成功させたのか」という観点から、三人の共通要素を解析していったのです。そして彼らが使っていた言葉やふるまいや表情などの共通要素を抽出、神経学、心理学、言語学の側面から体系化し、第三者が応用できるモデルとして確立したのです。

このように、ＮＬＰはもともとは治療的なアプローチの研究から始まりましたが、やがてコミュニケーション全般における効果的な方法として応用されるようになりました。

ここでいうコミュニケーションとは、他者とのコミュニケーションのみならず、自分自身とのコミュニケーションも含まれます。人は外側の情報をどうキャッチし、どう処理し、それが行動にどのように影響を与えるのかなど、脳のしくみにまで踏み込んでいくのです。ゆえにアメリカではNLPは〝脳の取り扱い説明書〟といわれています。

つまりNLPとは、脳の特徴を最大限に活用して、他者との関わりにおいては、どのようなコミュニケーションをとれば「相手が望むような状態」を促すことができるか、自分については、どのように自分自身とコミュニケーションをとれば「なりたい状態」を手に入れることができるかを示しているもの、といえるのです。

本書には、願望を実現させるための基本中の基本の手法を盛り込んでいますが、それを実践していただくには、背景にある理論をしっかり頭に入れていただきたいと考えています。そのため具体的な手法にたどり着くまでに、脳の特徴などの解説が続きます。少し遠回りをしているように感じるかもしれません。しかし「こういう理論だからこの手法が効くのだ」ということを腹の底から納得してこそ、手法の効果は上がるものと信じています。ですからぜひ、願望実現のための具体的な手法にたどり着くまでの道のりを一緒におつきあいいただければと思っています。

そして、理論を腹の底から納得できたら、願望を実現させるための基本中の基本の手法を実践してみてください。**あなたの願望が実現するか否かはここにかかっているといっても過言ではありません。**

実践するか、しないか。やるか、やらないか。

願望を実現できる人とできない人の違いは、たったこれだけの場合が少なくないのです。

読者の方がより実践しやすいものにしたいという願いを込めて、本書では本当に大切なことだけ、基本中の基本だけを取り上げています。むずかしい手法はありませんので、ぜひ実践していただきたいのです。

また、願望実現という観点でＮＬＰを学ぶことは、自分と自分の人生に向き合うことにもなります。その過程には、生きやすくなるヒント、幸福に生きるヒントも転がっているのです。

そのように一般的にはコミュニケーションの手法として知られているＮＬＰが、なぜ願望実現のための最強のツールとなり得るのか。それは、ＮＬＰが「いまの自分」をよい状態に導くためのきわめて有効な実践法だからです。

すでに述べたように、望ましい願望・未来は、現在が引き寄せています。いまの自分が変われば、望む未来を自在に引き寄せることができるのです。それどころか、現在が変われば、過去さえも変えることができます。もちろん、過去に起こった出来事を変えることはできません。でも、いまの自分の状態が変われば、過去の出来事が及ぼす意味がまったく変わってくるのです。

過去と未来が変わるということは、人生そのものが変わるということを意味します。つまり、人は変わることができるのです。

こういうと、まるで禅問答のようで理解できないと感じるかもしれません。でも、本書をじっくりと最後まで読んでいただければ、この意味がおなかにストンと落ちるように、深い納得をもって理解していただけると思います。

あなたも必ず「こうなりたい」という願いをかなえることができます。

あなたもきっと、変われるはずです。

第1章 ――あなたを動かす無意識という力

強く願うほどかなわないのはなぜか

もしあなたに、本当にかなえたい願望があるのなら、「～したい」と強く願いすぎてはいけません。

起業したいと思うなら、「起業したい」と強く願ってはいけません。

もっとやりがいのある仕事を見つけたいと思うなら、「やりがいのある仕事が見つかりますように」と強く願ってはいけません。

強く願えば願うほど、その願望は遠ざかってしまうからです。

それがじつは、願望実現のポイントなのです。

こういうと違和感を覚える方も少なくないかもしれません。

いわゆる自己啓発書などにはよく、「願望は強く願うべきだ」と書かれています。

また「夢は強く願いつづければ、いつか必ずかなう」と説く成功者も多くいます。

それでもやはり、あえていいます。

願望は強く願いすぎるとかなわないのです。

厳密にいうと、最初は強く願うところから始めるべきです。強く願うことなしに、つまり強く欲しいと思うことなしに、願望実現への旅は始まらないからです。しかし、強く願う必要のない状態、つまり手に入って当然と思えるようになったときにはじめて願望はかなうものなのです。

これはどういうことかを解き明かすためには、意識と無意識について知らなければなりません。

私たちの心の領域には、意識と無意識の部分があると考えられています。

意識は自分で気づいている部分で、顕在意識とも呼ばれます。無意識は自分では気づかない部分で、潜在意識とも呼ばれます。

意識と無意識は、よく海のなかの氷山にたとえられます。私たちが目にする氷山は、海面から上の部分だけですね。私たちはそこだけを見て氷山だと思いがちですが、実際の氷山は水面下の大きな部分によって支えられています。

意識と無意識も同様で、私たちが気づくことができる意識は実は心の領域のほんの一部、つまり氷山の一角で、実はその下に大きな無意識が存在する。意識は大きな無意識によって支えられているのだ、と考えられているのです。

その割合はどれくらいかというと、意識が1に対して無意識は99という説もあれば、意識が10に対して無意識は90と説く学者もいます。なかには意識が1に対して無意識は20000という学者もいる。

いずれにせよ、**意識に比べて無意識がとてつもなく大きなものであることがわかります。**

実は、願望実現法を身につけるにあたって、まず認識していただきたいのがこの無意識のパワーの大きさなのです。

意識と無意識の特徴をひとことでいうなら、意識は思考・言葉であり、無意識は身体・感覚です。

たとえば、犬恐怖症の人がいるとします。

友人が「この犬は絶対に人を噛《か》まないから大丈夫だよ、撫《な》でてみて」といったとしましょう。犬恐怖症の人は、意識では、「ああ、そうなのか、噛まないのか、大丈夫なんだ」と考えることはできる。しかしやはり、怖い。無意識のなかにある「犬は怖い」という感覚が優先され、犬を撫でることはできないのです。

この犬恐怖症の人は、意識では「ああ、そうなのか、噛まないのか、大丈夫なんだ」と考えています。つまり、「思考」しているのです。

では、思考は何を使って行うものなのかというと、それは言葉です。言葉がない物事に関して、私たちは思考をめぐらすことはできませんね。

よって、「意識＝思考＝言葉」という図式が成り立つのです。

一方、この犬恐怖症の人は、「やはり怖い」と感じています。

では、「怖い」という感覚はどこで感じるものなのでしょうか。

ご自分の場合を考えていただくとわかると思うのですが、「怖い」「気持ち悪い」などの感覚は頭で感じるのではなく、身体（胸やおなかなど）で感じるのです。

犬恐怖症の人に、「かわいい犬だから大丈夫だよ」「おとなしい犬だから大丈夫だよ」といった言葉は通用しません。なぜなら感覚は理屈ではないからです。嫌いなものは嫌い。嫌なものは嫌なのです。感覚は、自分の意思でコントロールできるものではないのです。

つまり、感覚というのは自分の意識の届かない領域（無意識）なのです。よって、「無意識＝身体＝感覚」という図式が成り立つのです。

無意識には「いま・ここ」しか存在しない

意識と無意識には、もうひとつの特徴があります。

意識のレベルには、「時間（過去・現在・未来）、空間」の概念がありますが、**無意識のレベルには、「いま・ここ」という概念しかない、**ということです。

このことを実感してもらうために、次の質問について考えてみてください。

Q あなたがこれまでで、もっともうれしかったのはどんな瞬間ですか？

試験に合格したときのこと、スポーツ大会で優勝したときのこと、仕事で表彰されたときのこと、あるいは恋人と遊びにいったときのこと、結婚したときのことなど、人によってさまざまなシーンが浮かんだことと思います。

さらに、次の質問についても考えてみてください。

Q 一年後のあなたは、どんなふうになっていますか？

いまとそれほど変わらない自分を想像したかもしれません。いまより仕事で活躍している自分を見たかもしれません。あるいは、いまよりもっとしあわせに暮らしている自分がいたかもしれない。

いずれにせよ、一年後という未来にいる何らかの自分のイメージを抱いたはずです。

このふたつの質問について考えたとき、あなたの意識（思考）は過去と未来に行きましたね。

過去と未来のあなたの姿は、「いま・ここ」に実際にあるわけではありません。すべて頭のなかで考えていたにすぎません。裏返せば、頭で考えられるから、思考があるから、意識は過去や未来に行けたのです。思考があるから、過去、未来といった時間の概念をとらえられたのです。

空間も同様です。

たとえばあなたが「イギリスに行きたい」と思っているとしましょう。

この瞬間に、イギリスに行くことは物理的に不可能ですね。しかしイメージすることはできます。イギリスにいる自分を想像することはできます。いまこの瞬間に実際には行っていないけれど、頭のなかでイメージすることはできる。

時間の概念と同様に、思考があるから、空間の概念をとらえることができるのです。

このように意識（思考）のレベルには、時間と空間の概念があります。

一方、無意識には「いま・ここ」という概念しかありません。

先ほど、無意識の特徴は感覚だと述べました。

ここで、いったん本書を置いて両方の手のひらをこすり合わせてみてください。

手のひらがこすり合わさる感覚がありますね。こそばゆい感じがするかもしれません。少し強くこすると温かくもなってくるでしょう。

この「こそばゆい」「温かい」という感覚は、「いま・ここ」にしかないのです。

未来や過去に「こそばゆさ」や「温かさ」があるわけではありません。

どういうことなのか？

意識 ＝ 思考 ＝ 言葉

無意識 ＝ 身体 ＝ 感覚

意識 ＝ 時間・空間

無意識 ＝ いま・ここ

先ほど、「あなたがこれまでで、もっともうれしかったのはどんな瞬間ですか？」と質問しました。

この質問について考え、過去の映像を思い出したとき、何らかの感覚を得たと思います。うれしい感じ、ワクワクする感じ、懐かしい感じ、甘酸っぱい感じ……。これらの感覚はたしかに過去の映像から喚起されました。しかし、どの時間でその感覚を味わったでしょうか？

その感覚は、いま、この瞬間に味わっているはずです。タイムマシーンに乗って過去まで戻って感覚を味わっているなどということはなくて、「いま」感じている。思考（意識）は過去に行っているけれど、感覚（無意識）は「いま」にあるのです。

無意識は「いま・ここ」しか認識しない。

したがって無意識のレベルでいうと、**私たち人間というのは常に「いま・ここ」にしかいないのです。**

願望を引き寄せる〝磁石〟がある

さて、プロローグで、

夢や願望は、あなたのほうをめがけて、外側からやってくるもの。あなたが引き寄せるもの。

つまり、夢や願望とは「アウトカム（ＯＵＴ＝外側から・ＣＯＭＥ＝来る）」だと述べました。

では、どうして願望は引き寄せられるのでしょうか？

それは、**あなたのなかに願望を引き寄せる〝磁石〟があるからなのです。**

その磁石は「無意識」のなかにあるのです。

つまり、願望を実現させたいと思うなら、あなたの無意識のなかに願望を引き寄せるような磁石をつくっていけばいいのです。

では、磁石とは何でしょうか?

それは、コンピュータのプログラムのようなものです。

コンピュータが作動するのは、プログラムが組まれているためですね。たとえばコンピュータの画面上の特定のアイコンをクリックすると、特定のファイルが開かれるのは、「このアイコンがクリックされたら、このファイルを開きなさい」という手順があらかじめ決められているからです。

コンピュータには、「こういう状況のときには、こう作動しなさい」という手順(プログラム)が示されているわけです。

そして人の無意識のなかにも、これと同じようなプログラムがあるのです。「こういう状況のときには、こう作動しなさい」というプログラムが。

たとえば「恐怖症」は、このプログラムの一種です。犬恐怖症、高所恐怖症、閉所恐怖症などさまざまな恐怖症がありますが、これらは「〜という状況になったら、恐怖を感じなさい」というプログラムが無意識のなかに組まれている状態なのです。

たとえば高所恐怖症の人は、高いところへ行くと恐怖を感じます。

意識では「頑丈な鉄筋コンクリートの建物だから崩れることはない」とわかっていても、恐怖を感じ、手のひらに冷や汗をかいたりしてしまうのです。

なぜなら、「高いところへ行ったら、恐怖を感じなさい」というプログラムが無意識のなかに組まれているからなのです。

人の無意識のなかには、このような行動を決定づけるプログラムが無数に存在するのです。

先に、無意識の特徴は「感覚」であり、「いま・ここ」だと述べました。つまり、引き寄せるものを決定する強力な磁石である無意識には、過去や未来の認識はなく、「いま・ここ」の認識しかないのです。そして「いま・ここ」しか認識できない無意識は、いつでも「いま・ここ」にある自分を実現しつづけることになるのです。

もしあなたに本当にかなえたい願いがあるなら、それを強く願いすぎないことが願望実現のポイントだと述べました。なぜなら、**強く願うということは「いまはな**

い」というメッセージを強力に無意識に届けることになるからです。

たとえばあなたが「ベンツがほしい」と強烈に願ったとします。そもそもベンツがほしいということは、「いま・ここ」にはベンツがないということです。

つまり、ベンツがほしいと強烈に思うほど、「いまはベンツをもっていない」「ここにはベンツがない」というメッセージが無意識に届いてしまうのです。

ところが願望をかなえる原動力となる無意識には、時間の概念がありません。現在の状態しか認識せず、それを実現しようとするのです。

となると、意識はベンツがほしいと切望しますが、無意識はベンツがない状態を自分だと認識して、その状態（ベンツがない状態）を実現するのです。

同じように「税理士の資格をとりたい」と願うことは、「いまは資格がない」というメッセージを無意識に届けます。結果、無意識は資格がない状態を実現します。

では、ベンツをほしいと思っている人すべてが、資格をとりたいと思っている人すべてが、それらを手に入れられないのでしょうか？　そんなことはありません。

手に入れている人に共通している特徴は、「手に入れて当然」という感覚、あるいはすでに手に入れている感覚をもっていることです。

ベンツをほしいと思っている人のなかでも、「いざとなればいつでも買える」「当然いずれは買える」という感覚をもっている人は、ベンツを手に入れることができます。無意識が「手に入って当然」という「いま・ここ」の感覚を実現しようとするからです。「ベンツを買える状態」を引き寄せるのです。

どんな男性が女性にモテたいと強く思うのでしょう。当然、モテない男性でしょう。現在モテていない男性は強烈に女性にモテたいと願うのです。しかし、強く願えば願うほど空回りします。逆に、女性にモテる男性は強くモテたいと願う必要がありません。なぜなら、現在すでにモテているからです。そして、現在の状態がさらに実現しつづけるのです。実際、男女問わずモテる人は強くモテたいとは願わないものです。モテている状態が当たり前だからです。

つまり、願望というのは意識でいくら強く願っても実現はしないのです。むしろ強く願えば願うほど遠ざかっていく。

願望実現の最大のポイントのひとつは、「〜したい」「〜がほしい」などと強く願うのではなく、**無意識のレベルで「できて当然」と感じている状態をつくることなのです。**

ＮＬＰに限らず「目標達成」に関する本には、「目標は現在形か現在進行形で立てなさい」と書いてあります。たとえば「私はベンツがほしい」という未来形ではなく、「私はベンツをもっている」という現在形で立てるということです。この理由がご理解いただけたかと思います。

では、願望を実現させるためにはどうしたらいいのか。

本書ではそのことを具体的に説明していきますが、その前にもう少し無意識について考えてみたいと思います。

彼女が禁煙できなかった本当の理由

以前、どうしても煙草《たばこ》がやめられないという女性に、禁煙のためのセラピーを施したことがありました。

その女性は十年以上喫煙を続けていたのですが、なんとか煙草をやめたいと思うようになったのです。それまで自分なりに禁煙に挑戦してみたけれど、やっぱりやめられない。そこで、私に禁煙セラピーを依頼してきたのです。

彼女の話を聞いていくうちに、意外な事実がわかりました。

それは、彼女自身も気づいていないことでした。

彼女が禁煙できない本当の原因が、彼女の根深い部分(無意識領域)にあると感じた私は、彼女の無意識からのメッセージを引き出す特別な手法をもちいたのです。

彼女が煙草を始めたのはまだ十代のときです。もちろん十代の喫煙は法律で禁止されていますが、煙草に興味をもつ十代が多いのも事実です。彼女のまわりの友人たちも同様、煙草を吸うことに興味津々でした。

ところが彼女には、煙草への興味がなかったのです。むしろ煙草の煙や臭いが嫌いでたまりませんでした。

実は、その当時の彼女の友人たちはほとんどがいわゆるヤンキー。彼女も例外ではありませんでした。彼女が友人たちのグループにいつづけるためには、嫌いな煙草を無理して吸わなくてはならなかったのだそうです。煙草を拒否すれば仲間として認められない状況にいたのです。

仲間として認められない。仲間はずれになる。それは十代の女の子には堪え難いことでした。嫌いな煙草を吸うことよりも何倍も辛《つら》いことでした。

そして彼女は、本当は嫌いな煙草を無理に吸いはじめたのです。

慣れてしまえば、煙草の煙や臭いは苦痛でなくなりました。「ヤンキー」を卒業したあとも吸いつづけ、いつしか彼女にとって煙草はなくてはならないものとなったのです。

彼女の話を聞いて、そういうことだったのか、とわかりました。

彼女の無意識のなかには、「喫煙＝仲間として承認される」という意味があったのです。逆にいえば「禁煙＝仲間はずれ」という意味です。

十代のときに固定されたこの意味がいまも生きていて、彼女の無意識は、自分が仲間はずれになることを避けるために禁煙を拒んでいたのです。

意識では「煙草をやめたい」と思っていても、無意識では「禁煙などしたくない」と思っていたために、彼女はなかなか禁煙ができなかったのです。

このように、**「意識」と「無意識」が別々のことを考える場合があるのです。**そして、自分では思ってもいないような無意識の力が、私たちの行動を大きく左右する場合は少なくありません。

彼女が、なかなか煙草をやめられなかったのも無理はありません。意識に比べて圧倒的にパワーの大きい無意識が、禁煙を望んでいなかったのですから。

そして実は、彼女のケースは特別なことではないのです。意識で考えていることよりも無意識で考えていることが実行されるのは、普通のことなのです。

私たちの行動は、いつでも無意識の考えがもとになっているのです。つまり、

無意識が私たちの行動を決定している。

といえるのです。

こういうと、いやそんなことはない、と思うかもしれません。私はいつだって自分の意思で行動している、と。

たしかに、私たちは「おなかが空いた。何か食べたい」という意識があるから、食事をとります。「仕事をしよう」あるいは「仕事をしなくては」と思うから会社へ行きます。自分の意思で、意識的に行動をしているように感じているでしょう。

しかしそれは、意識と無意識がたまたま同じ方向を向いていたからにすぎないのです。

先ほど、犬恐怖症の人の例をとりあげました。

犬恐怖症の人は、どんな犬に対しても恐怖を感じます。トイプードルやチワワのような、小さく、ぬいぐるみのような犬にさえ恐怖を感じます。たとえば親しい友人が愛情を込めて育てた、よく飼いならされたおとなしい犬に対しても恐怖を感じます。

友人が「この犬は絶対に人を嚙まないから大丈夫だよ、撫でてみて」といったとしましょう。犬恐怖症の人は、意識では、「ああ、そうなのか、嚙まないのか、大丈夫なんだ」と考えることはできる。しかしやはり、怖い。無意識のなかにある「犬は怖い」という感覚が優先され、犬を撫でることはできないのです。

あるいは、ゴキブリが苦手な人の例を考えてみましょう。

ゴキブリは、人に直接攻撃をしてくることはまずありません。大きさも人間のからだに比べたら何百分の一にすぎません。明らかに人間のほうが優位です。こんなこと、だれもがわかっています。意識ではわかっています。でも気持ち悪い。なかには、ゴキブリを見ただけで逃げ出したいと感じる人もいるでしょう。

意識では「大丈夫」と思っていても、無意識が「気持ち悪い」と感じていれば、ゴキブリを目の前にしたとき、その人は逃げ出すか、足がすくんでしまうでしょう。

このように、意識と無意識は常に同じ方向を向いているとは限らず、**意識と無意識が逆の方向を向いている場合、無意識の方向が優先されます。**意識的に行動していると思っている場合も、それは意識と無意識が同じことを考えているにすぎないのです。

願望についても同じことがいえます。

たとえば、あなたが「もっと貯金を増やしたい」と願っているとしましょう。しかし無意識のなかに「お金は汚いもの」というイメージがあると、無意識の考えが優先され、実現されます。あなたは、貯金を増やすような行動をとらなくなります。むしろ貯金が増えないような行動をとってしまう。結果的に、貯金は増えないことになるのです。

無意識のパワーは、それぐらい大きなものなのです。

無意識はいつもあなたの味方

そしてもうひとつ、無意識について知っておいていただきたいことは、どんなときにも、**そこにはその人を守るための肯定的な意味があるということです。**

先にあげた「仲間はずれにならないように」禁煙できなかった女性の例でいえば、彼女は意識では「禁煙したい」と思っていました。しかし、無意識では「禁煙はしたくない」と思っていました。

煙草による健康への害がいわれるなかでは、無意識の「禁煙はしたくない」という姿勢は、一見、彼女にとってマイナスのもののように映ります。

しかし無意識の側からすれば、彼女を仲間はずれにさせない、彼女の身を守る、という意味があったのです。

たとえどんなに悲惨な状況でも、そのなかに置かれたあなたの状態は、あなたの無意識があなたを守るためにつくりだしている、といえるのです。

ダメ社員だったときの私もそうでした。仕事で失敗ばかりし、次々とクレームをつくっていた当時の私は、社内で冷遇されていました。

営業部員たちは営業に出かける際に、元気に「いってきます」といって社を出ていきます。社内に残る事務方の社員は、「いってらっしゃい」と元気に見送ります。もちろん私も「いってきます」といいます。ところが私には「いってらっしゃい」の言葉は返ってこないのです。

営業先から会社に戻り「ただいま」といっても、だれひとり「お帰りなさい」とはいってくれません。ほかの営業部員の机には熱いお茶が置かれるのに、私の机にはありませんでした。

この状況は、見方によっては社内のいじめです。

このような自分の状態を、もちろん私の意識は望んでいませんでした。

しかし、私がこれまで述べてきたとおりに考えるなら、私の無意識はこの状態を望んでいたことになる。私の無意識が仕事の失敗をさせ、クレームをつくり、結果として、社内で冷遇される事態を引き起こしていたことになります。

当事者にとっては、この事実は過酷です。けっきょくは何もかも自分のせい、といわれているようなものだからです。救いがないように感じるかもしれません。

しかしそんなときこそ、「無意識には、その人を守るための肯定的な意味がある」

ことを思い出してみるのです。

もちろん、渦中にいた当時の私は、そんな角度から自分の状態を考える余裕はありませんでした。

しかしいま振り返ると、私の無意識は、まわりの注目を集めさせるために、私にダメ社員の行動をとらせたのではないか、と思います。いまとなっては、私はダメ社員だった時代に感謝しているのです。

ダメ社員時代があり、そのあとに私はトップセールスマンとなりました。この変化があったから、私はいまこうしてNLPのトレーナーとして独立できているといえるのです。

会社を辞めてから何年もたちますが、私が会社に電話をすると、私がまったく知らない社員の方に「あの山崎さんですか？」といわれることがあります。いくつものクレームをつくっていた社内一のダメ社員からトップセールスマンになったと、社内ではある意味伝説的な営業部員になっているのです。

私が入社当時から普通の営業成績をあげている営業部員だったら、こんなことにはならなかったでしょう。特別大きな注目は浴びず、多くの社員の記憶に残ることもなかったでしょう。

そう考えると、当時はたしかに苦しかったけれど、その苦しみには意味があったのだと思えるのです。無意識は常に私の味方だったのだと気づくのです。

くり返しますが、たとえどんなに悲惨な状況でも、そのなかに置かれたあなたの状態は、あなたの無意識が好意をもってつくりだしている、といえるのです。無意識には、どんなときにもその人を守るための肯定的な意味があるのです。

ということは、**どんな苦しみにも何かしらの肯定的な意味がある**、といえるのではないでしょうか。

いま、まさにこのとき、大変な渦中にいる人は、こんなふうにはなかなか考えられないかもしれません。

理不尽な状況にいるとき、自分の力ではどうしようもないと思える状態にあるとき、意識できる現実だけを見つめると、自分の人生に意味などないと思えてしまうかもしれません。

しかし、無意識に光を当ててみる。いまの状態には、何かしら自分を守るための肯定的な意味があるのだ、と考えてみる。

その意味が何なのかはすぐにはわからないかもしれません。わかるのはずっとずっとあとかもしれません。しかし何かしらの意味がある。それを知っているだけでもかすかな希望がもてる。自分の人生には意味がないと結論づけてしまうより、ほんのわずかでも力が湧いてくるように思えるのです。

このように、無意識（潜在意識）は、私たちの行動に、そして人生に大きな影響を与えます。

必然的に、願望を実現させるカギも無意識が握っているといえるのです。

ここで、46ページで述べたことを思い出してみてください。

意識と無意識は常に同じ方向を向いているとは限らず、意識と無意識が逆の方向を向いている場合、無意識の方向が優先されます。

つまり、願望を実現させるためには、**無意識のなかに願望を引き寄せるようなプログラムをつくればいいのです。**願望実現につながる行動をあなたにさせるようなプログラムを、あなたの無意識のなかに組めばいいのです。

こういうと、次のような疑問をもつ人がいるかもしれません。

そもそも無意識のなかにあるプログラムを扱うことなどできるのだろうか？

無意識とは自分では気づかない部分ですから、その無意識のなかのプログラムを扱うというのは、たしかに一見不可能のように感じます。

しかし結論からいうと、無意識のなかのプログラムを扱うことは可能なのです。

ではどうやって扱うのか。

それを、次章から順を追って説明していきたいと思います。

第2章

願望実現を遠ざけているのは何か

なぜ私は〝ダメ社員〟になったのか

かつて会社勤めをしていたとき、私が会社一のダメ社員だったことはすでに述べました。そのころ、私が会社の人たちから密かにつけられたあだ名は「ダスティン・ホフマン」でした。

ご存じのとおり、ダスティン・ホフマンは『卒業』や『レインマン』など、数多くの映画に出演しているアメリカの有名な俳優です。

あだ名の由来は、彼の主演映画のひとつ『クレーマー・クレーマー』にありました。当時の私はクレーム（苦情）をつくる「名人」で、毎週毎週、クレームをつくっていました。

しかも、**各シーズン（春・夏・秋・冬）ごとに一度、会社を揺るがすくらいの大きなクレームをつくっていたのです。**

当時私は、中小企業を相手に、経営者や社員向けの「研修」を売る営業をしていました。営業成績はずば抜けて最悪でした。どれくらい悪かったかというと、売上高がマイナスになる月があるほどでした。

どんなに成績の悪い営業部員でも売上高ゼロ以下にはならないだろう、と思うかもしれません。しかし、私はマイナスにできたのです。

というのは、ほかの営業部員が苦労して成立させた案件を、つぶしてしまうような事態をたびたび引き起こしていたからです。

たとえば、当時の私の仕事のひとつに「研修」を買っていただいたクライアントに電話連絡をするという業務がありました。クライアントのリストを手に片っ端から電話をかけるのですが、なかには担当者が不在という場合があります。そんなときは「○○社の山崎です」とメッセージを残します。しばらくたつと、その担当者が電話をかけてくれることがあります。

「××社の△△です。先ほど電話をもらったようだが……」

しかし、私は××社に電話をかけたことをすっかり忘れてしまっているのです。そして、「いえ、私はかけていませんが」などといってしまう。

わざわざ電話をかけてくれた相手はカンカンです。「なんて失礼な対応をする社員なんだ！　自社の社員教育もろくにできていない会社の研修など信用できない！」といって、キャンセルされてしまうのです。また、訪問先で私がいった不用意なひとことがその会社の社長を激怒させてしまい、その償いのために、丸一日その会社で雑用をさせられたこともありました。

いま振り返ると、どうしてあんな簡単な仕事ができなかったのだろう、と思います。しかし、当時の私は真剣でした。なんとかクレームを出さないようにしよう、なんとか営業成績を上げようと必死だったのです。にもかかわらず、失敗ばかりする。クレームを次々とつくる。

「本当にあいつはどうしようもない。クレームばかりつくるクレーマーだ。あいつのことをダスティン・ホフマンと呼ぼう」

営業部の先輩たちがこういったのも無理はありません。

実は、営業部の先輩たちばかりでなく、社内にいる人全員が「山崎はどうしようもない」と思っていました。

なぜなら、当時の私は営業がうまくいかないばかりではなく、研修のサポートもうまくできず、あげくの果てには経費の清算すらできなくなってしまったからです。まさに会社一のダメ社員になったのです。冗談みたいな本当の話です。

では、どのようにしてそんなダメ社員になってしまったのか？

きっかけは一本の電話でした。

入社後、営業所に配属されて一日目か二日目に、お客様からの電話をとりました。その電話の対応で失敗してしまったのです。いきなり相手を思いきり怒らせてしまい、それがクレーム沙汰になってしまいました。

入社してから数日しかたっていないときの、この大きな失敗は、私に強烈な打撃を与えました。

なにしろ社会人として仕事をしたことがほとんどなかった時期です。右も左もわからなかったときです。**社会人経験が「まっさら」なときの大失敗で、私は一挙に自信をなくしてしまったのです。**

そして、私はこのたった一回の電話対応のミスで、「私はコミュニケーションが苦手なんだ」と決めつけてしまいました。

さらにこの思いが強くなると、今度は社内外でミスコミュニケーションを連発して、ますますいろいろな失敗をするようになりました。そして、「私は何をやってもダメなんだ」と思うようになったのです。

失敗のひとつが、経費の清算です。

営業に出かけると交通費などの経費がかかります。かかった経費を計算して、領収書や伝票を経理の女性社員に渡す仕事がありました。

ところが私は、この経費の計算ができなかったのです。

計算といっても、三ケタとか四ケタのたし算です。小学生でもできる簡単な計算です。しかも計算機を使ってやるので、だれでもできます。

ところが、私は計算を間違ってしまうのです。

経理の女性社員は、私が提出した領収書や伝票を元に私の計算が合っているかをたしかめます。すると間違っている場合がほとんどなのです。

あるときしびれを切らしたその女性社員から「こんなに何回も間違われたのでは困る。提出する前に五回は計算してください!」とキツくいわれました。

その当時すっかり自信を失っていた私は、いわれたとおり律義に計算機を使って五回計算します。それでも間違ってしまうのです。最初は計算機が壊れているのかと思い、隣の人の計算機とこっそり取り替えてみました。その計算機で計算しても、やっぱり間違えてしまうのです。

また、社長に殴られたこともありました。

社長が行う研修の運営スタッフをしていたときです。私の段取りが悪く、研修の準備が遅れ、受講生の方たちを待たせてしまったことがありました。

研修の開始時間まであとわずかというのに、多くの受講生の方々を会場の外で待たせることになってしまったのです。

その事態に気づいた社長が、焦って準備を進める私のもとにやってきました。そしていきなり右頬をバーンと殴ったのです。

この瞬間、「あっ、社長に殴られたのだ」と思いました。会社のトップに殴られたのです。ものすごく大変なことをしてしまった、と落ち込みました。そして同時に、自分にはこの会社にいても先がない、と思いました。

また、別の機会には社長から「こいつには大事な商品を売るのはやめさせろ（営業はさせるな）」とまでいわれました。

当時は本当に会社にいるのも仕事をするのも辛《つら》くて仕方がありませんでした。

うまくいかせたいと思うほどダメになる理由

さて、当時の私は自他ともに認める会社一のダメ社員でしたが、私の意識は「もっとうまくやりたい」と切実に願っていました。

コミュニケーションをうまくとってみんなから愛されるようになりたい――。

経費の清算を失敗しないようにしたい――。

研修のサポートをうまくやりたい――。

仕事ができる有能な社員になりたい――。

何もかもうまくいかなかった私は、何もかも、すべてうまくいくようになりたいと願っていたのです。

しかし当時、実際に手に入れたのは願望とはまったく逆の過酷な状態でした。

なぜそうなったのか。

いまとなっては、それが第1章で述べた意識と無意識の特徴で説明できることがわかります。43、46ページで、

「意識」と「無意識」が別々のことを考えることがある。
そして意識、無意識が別々の方向を向いている場合、無意識（感覚）が優先される。

と述べました。

ダメ社員時代の私は、まさに「意識」と「無意識」が別々のことを考えていたのです。

意識では、「成功したい」「みんなに愛されたい」「有能な人になりたい」と願っていました。

しかし無意識は、「私は何をやってもダメなんだ」と思っていたのです。

引き寄せるものを決定する強力な磁石である無意識には、過去や未来の認識はなく、「いま・ここ」の認識しかないのです。そして「いま・ここ」しか認識できない無意識は、いつでもこの「いま・ここ」にある自分を実現しつづけることになるのです。

と、38ページで述べました。

当時の私の意識は、「成功したい」「みんなに愛されたい」「有能な人になりたい」と強く願っていましたが、それは未来の自分に対する思いだったのです。

一方、無意識がとらえている「いま・ここ」にある自分とは、「何をやってもダメな私」だったのです。

つまり、当時の私の無意識は「何をやってもダメな私」という、「いま・ここ」にある自分を実現しつづけていたのです。

このように、私たちは「(未来においてなりたいと) 意識で考えていること」より、「いま無意識で感じていること」のほうが実現しやすいのです。31ページで意識は思考で、無意識は感覚だとお伝えしました。

無意識のプログラムがすべてを決める

さて、この「いま感じていること」と密接に関係しているのが、プログラムです。

願望は、あなたが引き寄せるもの——。

願望を引き寄せるのは、あなたの無意識のなかに願望を引き寄せる磁石があるから——。

その磁石とは、コンピュータのプログラムのようなもの——。


と述べました。

願望を実現できるかいなかは、無意識にどんなプログラムをもっているか（いま、無意識が何を感じているか）によります。

そこで、このプログラムについて詳しく見ていきましょう。

プログラムとは、ひとことでいうと、人間をある方向に動かしたり、あるいは何かを引き寄せる磁石のことです。そしてこのプログラムは、いつも無意識レベルにあります。

では、プログラムの正体は何か？

それは、思い込みです。

思い込みとは、「物事はたしかにこうだ」という気持ち（感覚）です。たとえば、

私は人前でうまく話せない。
私は仕事ができない。
私は異性にモテない。

といったもの。もちろん、

私は人前で話すのが得意だ。
私は仕事ができる。
私は異性にモテる。

などのよい思い込みもあります。

あるいは、

よいことのあとには悪いことが起こる。
悪いことをしたらバチがあたる。
ブランド品は材質がよい。
美人は冷たい。
金持ちはケチだ。
政治家は悪いことをしている。
いまどきの若い者は〜だ。
常識は大切だ。
アメリカ人は〜だ。
日本人は〜だ。
などというものもあります。
思い込みとは、だれかが「こうだ」と決めたものではありません。また「絶対こうだ」と決まっているものでもありません。

しかし**私たちはたくさんの思い込みをもち、あたかもそれが絶対であるように感じてしまっているのです。**

思い込みのなかでも、

私は～だ。

私は～と思う。

私は～を信じている。

など、自分に結びつけた思い込みをセルフイメージといいます。おそらくだれもが、いくつかの自分に対するセルフイメージをもっているでしょう。

ではこの思い込みはどうやってつくられるのか？

それは体験によってつくられます。

たとえば政治家に対して、「悪いことばかりしている」というイメージを抱いている人は少なくないでしょう。

こういうイメージをもっている人は、「政治家は悪いことばかりしている」という思い込みをもっていることになります。

たしかにテレビや新聞のニュースで政治家が取り上げられるのは、たいてい彼らが悪いことをしたときですね。汚職や失言、選挙違反などのニュースです。

逆に政治家がこんなよいことをした、こんな功績をあげたというニュースは、ほとんど報道されません。

私たちは政治家が悪いことをしたというニュースばかりを何度も見たり聞いたりすることになります。すると「政治家は悪いことばかりしている」というイメージが固まっていく。「政治家は悪いことばかりしている」という思い込みができあがるのです。

そして、選挙の時期になり、街頭に選挙ポスターが貼られたとしましょう。ポスターの政治家の顔を見ると、「なんだかどの人も悪そうな顔だな」と思ってしまったりするのです。あるいは「だれも信用できない」といって、投票を拒否する人もいるかもしれません。

つまり、思い込みは体験によってつくられるのですが、いったん思い込みができあがってしまうと、思い込みが体験を支配することにもなるのです。

強烈さとくり返しがプログラムをつくる

プログラム(思い込み)は体験によってつくられる、と述べましたが、このことについてもう少し詳しく見ていきましょう。

結論からいうと、**プログラムはインパクト(強烈な体験)とくり返しによってできます。**

たとえば、ふたたび犬恐怖症の人の例で考えてみましょう。

恐怖症はプログラムの一種です。

犬恐怖症は、幼児期に犬に噛《か》まれるといった強烈な体験をするとなるといわれています。もちろん大人になってから恐怖症になる人もいますが、幼児期になる人のほうが圧倒的に多い。また、生まれつき何かの恐怖症という人はいません。

幼いときというのは、体験・経験が少ないためプログラムが「まっさら」な状態です。免疫もありません。だから幼いときというのは、何でもおもしろいし、怖いものは強烈に怖いのです。

このような「まっさら」な状態のときの体験にはインパクト（強烈さ）がありま す。このインパクトのある体験が、プログラムをつくるのです。

ところで、ちょっとここであなたの職場をイメージしてみてください。

あなたの職場に、「仕事ができる人」とまわりから思われている人、あるいはあなたが思っている人はいないでしょうか。

また、「仕事ができない人」とまわりから思われている人、あるいはあなたが思っている人はいないでしょうか。

仕事ができる人、できない人というのは、たいていどこの職場にもいるものです。そして「仕事ができる人」になるか、「仕事ができない人」になるかは、実は、その人が新入社員時代に決まる場合が多いのです。

仕事ができる人は、「自分は仕事ができる」というセルフイメージをもっています。

仕事ができない人は、「自分は仕事ができない」というセルフイメージをもっています。このセルフイメージ（プログラム）ができるのが、新入社員時代であることが多いからです。

私のダメ社員時代の事例が、それを物語っています。

新入社員時代というのは、仕事の経験がほとんどない新鮮な時期です。この時期の体験は、強烈なインパクトになります。私がミスをして上司に叱られた経験も非常に強烈でした。自分という人間をすべて否定されたようなショックも味わいました。これによって、私は「自分は仕事ができない」というセルフイメージをもつようになったのでした。

逆のパターンの人もいます。

仕事ができる人というのは、たいてい新入社員時代に何らかの成功体験をしています。たとえ些細《ささい》な成功でも、新入社員時代という新鮮な時期での体験にはインパクトがあります。このインパクトのある体験が「自分は仕事ができる」というセルフイメージをつくりだすのです。

また、プログラムは、くり返しによってもできます。

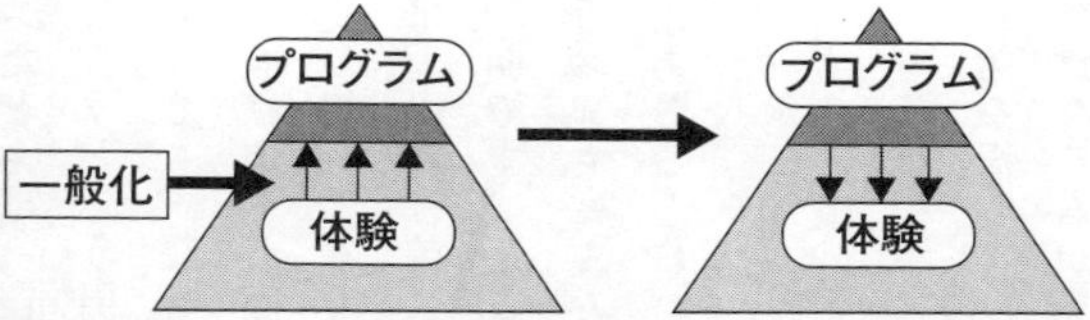

体験によりプログラムができる　　プログラムが体験に影響を与えるようになる

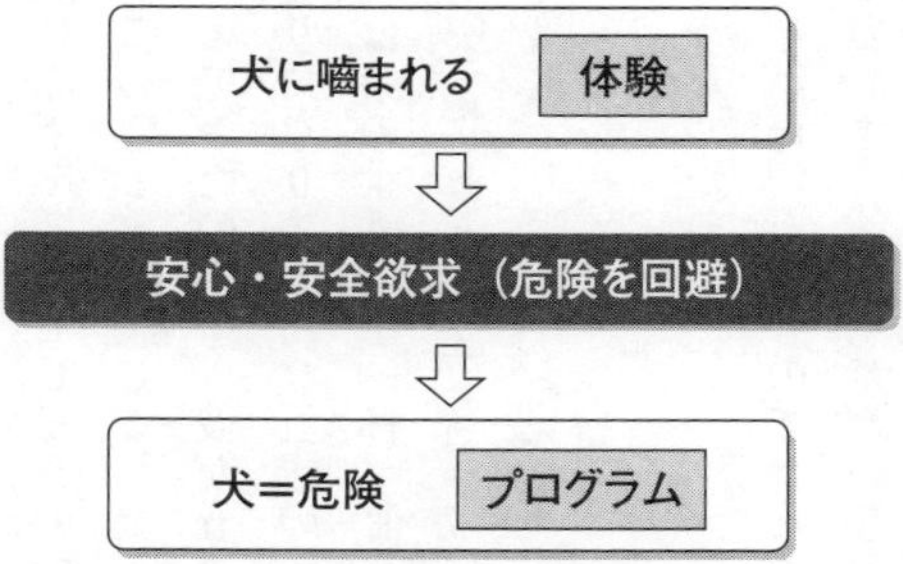

●プログラムは二度と危険な目にあわないようにするための学習成果

震え・汗・足がすくむ・動《どう》機《き》など

●プログラム（犬＝危険）が体験を支配し、特定行動・反応をくり返しひき起こすたとえば、自分の部下、しかも仕事ができる部下にはどうしてもキツくあたってしまうという男性がいました。部下の面倒はきちんとみなければいけないとわかっていても、なぜか感覚的に部下を嫌ってしまうのです。

彼はある心療内科医にこのことを相談しました。そして医師と話をするうちに、彼の幼いころの体験が見えてきたのです。彼が五歳のとき、弟が生まれました。以来、母親は弟にかかりきりになりました。五歳の子どもはまだまだ母親に甘えたい時期です。ところが母親は弟の世話で手一杯。甘えたくても、母親は「あなたはもうお兄ちゃんなのだから」「忙しいから」などといって甘えさせてはくれません。事あるごとに、何度も何度もくり返し「お兄ちゃんなのだから」といわれつづけました。

すると彼の気持ちはどうなったか。

自分を相手にしてくれない母親を恨むのではなく、母親をそうせざるを得なくした弟を恨むようになったのです。彼の無意識のなかに「年下＝攻撃の対象」というプログラムができてしまったのです。

このプログラムが、大人になってからも作動し、部下（年下）を嫌うという状況

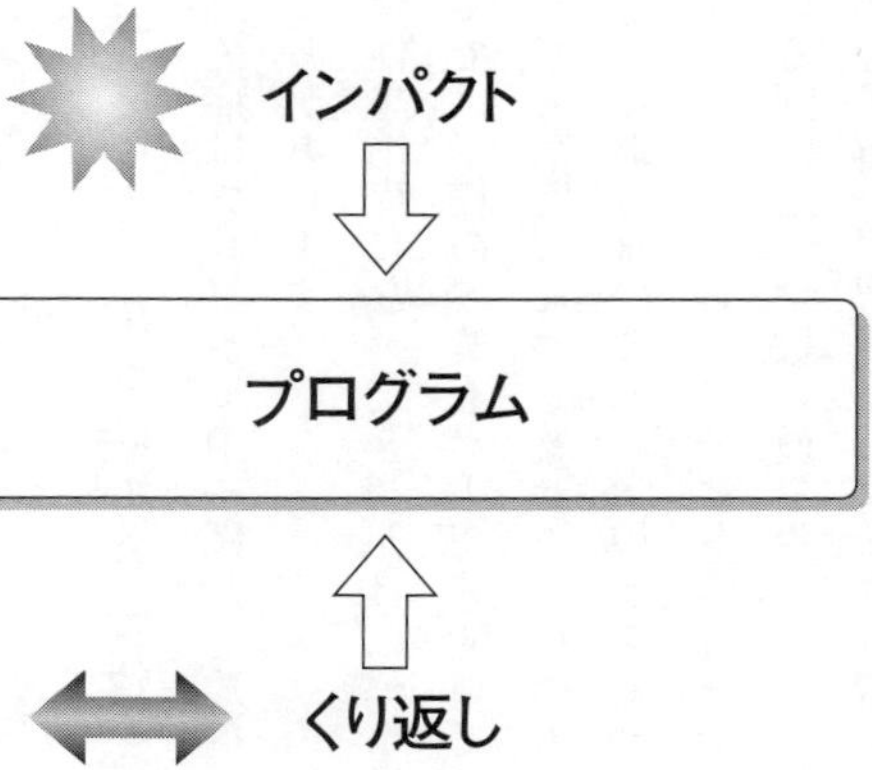

を生み出していたのです。

あるいはもっと身近な例で考えてみましょう。

五歳の子どもが「私は料理が苦手なの」ということはまずありません。子どもには料理の経験がほとんどないからです。

そんな子どもも年を重ね、料理をする機会が増えてきます。

そして何度か料理で失敗をしたとしましょう。学校の調理実習で失敗し、家で初めてひとりでつくった料理で失敗し、ひとり暮らしをしてからつくった料理でも何度か失敗し……。このように失敗を何度かくり返すと、「私は料理が苦手なのだ」というセルフイメージができるのです。

このように、私たちの無意識にあるプログラムは、インパクトとくり返しによってできあがるのです。

小学生のときの体験から女性恐怖症に

恐怖症はプログラムの一種だと述べましたが、実は私は一時期、女性恐怖症だったことがあります。

女性恐怖症になったきっかけは、小学校三年生のときでした。当時の私は勉強が苦手で、学校の授業もボーッと聞いているような子どもだったのです。当然、家に帰っても宿題なんかしません。いつもすっ飛んで遊びにいくのです。

そんなある日のこと。学校から帰ってきていつものように遊びにいこうと家の玄関を出ると、門のところにFさんという女の子がいたのです。その子は近所に住んでいる同級生。学級委員をやっている優秀な子でした。宿題はもちろん、自分から進んで予習・復習までしっかりやるような子です。

そのFさんに門のところでバッタリ会ってしまったのです。

「山崎、宿題やったか？」

Fさんがいきなり聞いてきました。

もちろん宿題などやっていません。帰ってカバンを置いてすぐ出てきたのですから、やっているはずがない。

けれども私はつい「やった」といってしまったのです。

すると、Fさんが「じゃあ、見せてみろ、見せてみろ」とドスのきいた声でいうのです。さらに近づいて「家のなかに入るから、見せてみろ！」と。

Fさんの迫力ある表情を前にして「本当はやっていない」などとはいえません。

私はどうしていいかわからなくなって、泣いてしまったのです。そして、泣きながら家に入っていった。部屋の窓からそっと外を見ると、Fさんが立っているのです。

私がノートをもっていくのを待っていたのです。

このとき、Fさんを本当に怖いと感じたのです。**同時に女の子って本当に怖い、と思ってしまった。**

大人になったいまではほほえましいとも思えるようなシーンですが、小学校三年生の私にとっては強烈な体験でした。そして私は「女の子ってみんな怖いんだ」と思ってしまい、それ以来、女の子と話せなくなってしまったのです。

あなたにも、似たような経験はないでしょうか。

強烈な体験が、あるイメージをつくってしまったという経験が。

たとえば、あるものを食べて直後に吐き気をもよおしたり、激しい腹痛に襲われると、以後その食べ物が食べられなくなる、といった経験です。

私は過去に生牡蠣《なまがき》を食べて、あたってしまったことがありました。数日、猛烈に苦しんだのです。以来、牡蠣が食べられなくなりました。牡蠣を見ると、またあたってしまうのではないかと思ってしまうのです。

このように、人は強烈な体験をすると極端なイメージ、思い込みをつくるのです。

これを一般化といいます。

一般化とは、「これはこうだ」と価値を勝手に決めつけてしまうこと。「X＝Yだ」と決めてしまうことをいいます。部分を全体につなげてしまう、ともいえるでしょう。

女性恐怖症の場合なら「女性（X）＝怖い（Y）」としてしまうのです。

たしかに女性のなかには本当に怖い人もいるでしょう。しかし実際には怖くない女性も大勢います。怖い女性は、女性全体の一部にすぎない。けれども「女性はすべて怖いのだ」という一般化をしてしまうのです。

私の牡蠣に対するイメージも同様ですね。生牡蠣のなかにはたしかにあたるものもあります。しかし生牡蠣全体からいえば、それはほんの一部です。しかし私には、この世にあるすべての生牡蠣があたるように思えてしまうのです。

私たちの脳は、あらゆるものに対してこの一般化を行いがちなのです。そして新たなプログラムがどんどん増えていくのです。そのプログラムは、たとえば私が生牡蠣を食べられなくなったように、私たちの行動を抑制するものも少なくありません。

ちなみに、私の女性恐怖症は、中学二年生のときに治りました。私は当時、クラスの女の子とふたりで美化委員をやっていました。委員会活動でその女の子とミーティングをしなければいけないときがありました。女の子と話すのは怖くて仕方がなかったのですが、ふたりきりなので何も話さないわけにはいかない。ミーティングをしないわけにもいかない。そこで、渋々話してみたのです。そうしたらその女の子は優しかったのです。「あ、優しい女の子もいるんだ」と思ったのです。これをきっかけに、私の女性恐怖症は治ったのです。

プログラムが変われば人はガラリと変わる

私がダメ社員になってしまったのも、入社して間もなく、クライアントへの電話対応でミスをし、大きなクレームをつくってしまったからでした。そして上司にこっぴどく叱られました。

これは、まだ仕事の経験がほとんどない、「まっさら」な状態の私にとって強烈な体験です。そして私は、「私は仕事ができない人間なのだ」というセルフイメージをもってしまったのです。

このセルフイメージができた背景には、脳の「一般化」があります。

上司が叱ったのは、私の電話対応の仕方についてだけでした。それ以外についてはとくに触れませんでした。

しかし私は、「私の電話対応の仕方はマズかった」とは受け止めませんでした。「私は仕事全般ができないんだ」「私は仕事全部が苦手なのだ」と思ってしまったのです。

そして、「私＝仕事全部ができない」というプログラムができあがってしまったのです。

いったん「私は仕事ができない」というプログラムができると、そういう状態をどんどん引き寄せます。本当にいま思えば信じられないような失敗を重ねていき、次々にクレームをつくりました。

当時の私は、意識ではなんとかしたいと強く願っていました。クライアントとコミュニケーションを上手にとりたい。営業成績を上げたい。社内の人たちともうまくやりたい。

強く強く、そう願っていました。しかし「私は仕事ができない」という無意識のプログラムにはかなわなかったのです。

しかしこんなダメ社員時代が続いたあと、ある日を境に、私はガラリと変わったのです。私にとっては非常にインパクトのある体験が、私のプログラムを変えたのです。

その体験がどのようなものだったかは、後ほど触れたいと思いますが、とにかく、私の無意識のなかにある「私は仕事ができない」というプログラムがガラリと変わったのです。

ダメ社員から一転して、社内のトップセールスマンになりました。

営業は、クライアントに対して会社側からアポイントをとるのが普通です。ところが当時の私は、クライアントから指名されて「時間をとってほしい」といわれるようになっていました。売り込みをしなくても、商品を買ってもらえるようになったのです。

営業部には、部全体の月の売上目標というものがありました。営業部員全員が精一杯がんばっても、その目標に届きそうにない月もありました。そんなとき、部長から「山ちゃん、なんとかしてくれ」と頼まれるようになりました。

私のクライアントのなかには本当に親身になってくれる方がいて、「実はこういう理由で今月の目標達成がキツいんです」と打ち明けると、「よしわかった! 山崎君のために俺が買ってやる」と、太っ腹の対応をしてくれる場合もありました。

ダスティン・ホフマンの汚名も返上しました。

社内の人たちも温かく接してくれるようになったのです。

私の無意識のなかにできた新たなプログラムが、よい状況をどんどん引き寄せたのです。

このように、身をもって無意識のプログラムの力を体験したのです。

プログラムひとつで、本当に人はそんなに変われるものなのか、と思う方もいるかもしれません。

結論からいうと、変われるのです。

それぐらい、無意識のプログラムは私たちの行動を決定づけるのです。

いばっていえることではありませんが、実は私は漢字が苦手です。簡単な漢字がパッと出てこないことがよくあります。

セミナー中は、ホワイトボードに要点や表を書きながら話を進めることが多いのですが、そのときにも漢字を忘れたり間違えたりすることがしょっちゅうなのです。でも、それで「しまった」とか「困った」とは思うことはありません。漢字を忘れたときには受講生に聞けばいい、あるいは平仮名で書けばいい、と思っているからです。実際、セミナー中に「お遊戯のギってどういう字でしたっけ?」などと平気で聞いてしまいます。

というのは、私は「人前で話すトレーナーであっても、漢字をすべて知っている必要はない」と思っているからなのです。だから漢字が苦手な私でも、平気で人前に立って話ができるのです。ホワイトボードに向かって要点を書けるのです。

しかしなかには、「人前に立って話す者には、漢字の間違いなどあってはいけない」と思っている人もいます。「漢字を知らなければ恥ずかしい」と思っている人もいるでしょう。

そういう人はなかなか人前に立てません。どんなに「人前に立って話をするような仕事につきたい」と思っていても、躊躇《ちゆうちよ》してしまうのです。

「人前に立つ者は漢字をすべて知っているべき」「漢字を知らないのは恥」というプログラムが、その人の行動を抑制してしまうのです。

あるいは、「私はいつも忙しい」と思っている人がいますね。そういう人は、友だちからの誘いを断ることが多くなるでしょう。あるいは歩くスピードが速くなって、大事なものを見逃してしまうかもしれません。人生のチャンスを失うこともあるかもしれません。

「暇ではないけれど、自由な時間がまったくないわけではない」と思っている人とは、おのずと行動が違ってきます。

このように、無意識のプログラムが、人生にブレーキをかけている場合は少なくないのです。しかし逆に、このブレーキを解除すれば、つまり**プログラムを変えれば、人生が好転することもまた少なくありません。**

人生を決めるのはすべて思い込み

あの人はベンツに乗っているからお金持ちのはず――。

あの人は有名企業に勤めている。優秀な人だな――。

あの人は有名な大学を卒業している。頭がいい人だな――。

たとえばこのように、私たちはあらゆるものに対して一般化しがちです。そして人は、自分に対しても一般化するのです。

ひとつの仕事に失敗しただけで、私は仕事ができないと思ってしまう――。
ある人に告白してふられると、私は異性にモテないと思ってしまう――。
忙しい日が続くと、私はいつも忙しい人間だと思ってしまう――。

ここまで、私たちがいかにしてプログラムをつくりあげるか、また私たちがいかに多くのプログラムを抱えているかについて述べてきました。

しかし、ここでハッキリさせておかなければならないことがあります。

それは、私たちのなかにあるプログラムは、**どれも思い込みであって真実ではない、**ということです。

ベンツに乗っているからといって、お金持ちとは限りません。もちろん本当にお金持ちの人もいるかもしれませんが、たまたま友だちから借りているベンツに乗っている人だっているのです。あるいはベンツが大好きで、ベンツだけにお金を注ぎ、あとはひたすら節約生活という人もいるでしょう。

有名企業に勤めている人がすべて優秀とは限りません。もちろん優秀な人は大勢いるでしょう。しかしすべてではないのです。

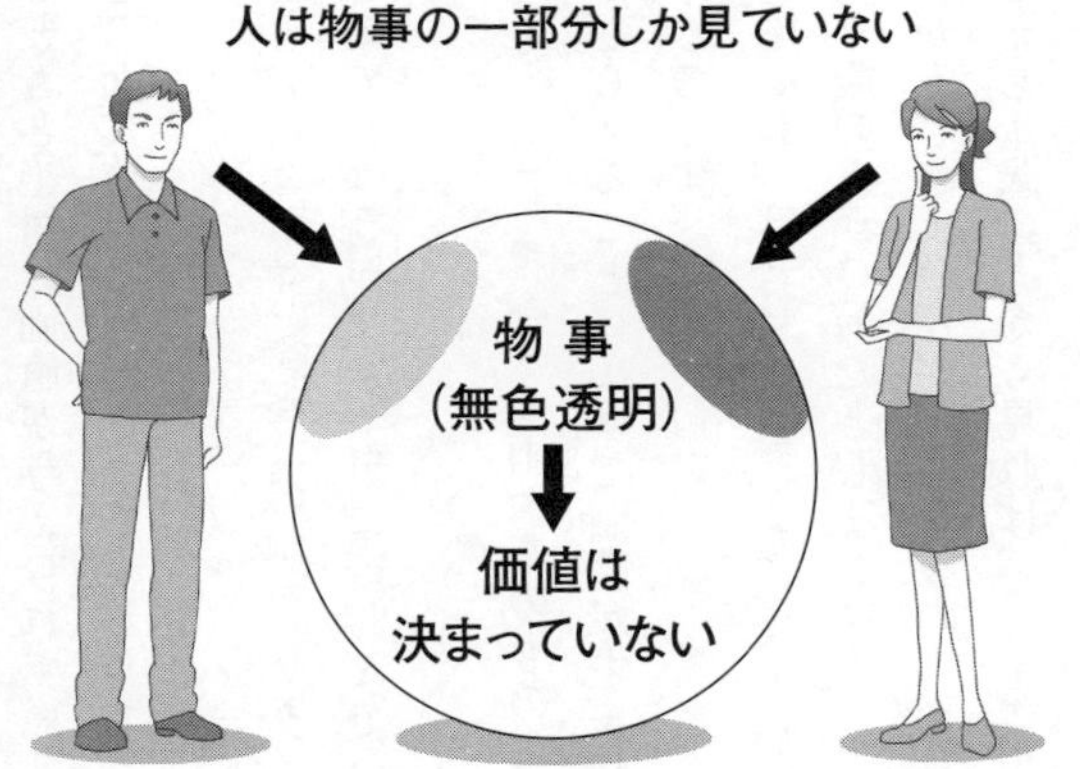

有名大学を出ている人が全員頭がいいとも限りません。

自分についても同様です。

ひとつの仕事に失敗しても、それだけで「仕事ができない人」とはいえません。失敗した仕事以外に、できる仕事はいくらだってあげられるはずなのです。

ひとりの人にふられたからといって、この世の異性のすべてがあなたを嫌っているわけではありません。「忙しい、忙しい」といっている人にだって、自由な時間はどこかに必ずあるはずです。

でも、私たちはつい一般化してしまうのです。物事の一面を見て、それがすべてだと思ってしまうのです。

しかし、すべての物事の価値は無色透明です。

もともと絶対の価値が与えられているものなどないのです。物事の価値は、物事のどの面に焦点を当てるかで変わってくるのです。

たとえば、「どしゃぶりの雨」。ピクニックに出かけようとする人にとっては最悪のものでしょうが、水不足に苦しんでいる地域の人にとっては、恵みの雨といえます。

でも、「どしゃぶりの雨」そのものに、もともと価値はありません。それをだれかがとらえることによって価値が生まれ、どう焦点を当てるかでその価値は変わってくるのです。

あるいは、「私はもう若くない」という人がいたとしましょう。

三十歳の人がいったとしましょう。二十歳の人が見れば「たしかにそうだね」と思うかもしれませんが、四十歳の人から見れば十分若いのです。

しかし十歳の人から見れば、二十歳の人だって「若くない」と映るかもしれません。

けっきょく、年齢にもともと価値などないのです。

その価値をどう決めるかは自分しだいなのです。自分で「若い」と思ったら若いのです。自分で「若くない」と思ったら若くないのです。他人からどう見られようと、どう思われようと関係ありません。それは他人のモノサシでしかないのです。自分の価値を決めているのは、自分なのです。

つまり、私たちが抱えているプログラム、物事に対する価値観は、すべて思い込みといえるのです。ところがこの思い込みが、私たちの行動を決定するのです。私たちは自分の思い込みで、自分を縛っているのです。

こう考えると、私たちはずいぶんつまらない思い込みに支配されていると思いませんか？　思い込みに人生を決められていると思いませんか？

しかし、私たちが抱えているプログラムのすべてが思い込みなのだと気づけば、私たちはずいぶん自由になれます。

なぜなら、物事の価値を決めるのは自分しだいだからです。私たちはいつだって、自分を縛る思い込みから自由になれるのです。そしてもっとよい思い込みを得ればいいのです。

思い込みが、あなたの人生を決めます。

であるならば、よい人生を得られるようなよい思い込みを得ればよいということになります。

第3章

願望を引き寄せる磁石をつくる

思い描くのは「意識」、かなえるのは「無意識」

本章ではいよいよ、願望を実現させるための具体的なアプローチを説明していきます。

その前に、そもそも願望実現のプロセスはどうなっているのかを考えてみましょう。

ここまで、

願望は、引き寄せられるもの――。

願望が引き寄せられるのは、あなたの無意識のなかに願望を引き寄せる〝磁石〟があるから――。

と述べてきました。

そしてその磁石とは、コンピュータのプログラムのようなもの。プログラムの本質とは、「これはこうだ」という思い込み、感覚、セルフイメージだということもお伝えしました。

このプログラムは、あなたの意識が考える都合のよいことだけを引き寄せるわけではありません。意識のうえでは望まないようなことも引き寄せる。つまり、いまのあなたの状態を決定しているのが、無意識のプログラムなのです。


これらのことをふまえて、根本的な願望実現のプロセスはどうなっているのかを考えてみましょう。

税理士になりたい――。

英語をペラペラ話せるようになりたい――。

起業したい――。

たとえばこのような願望を思い描くのは、あなたの意識ですね。

このとき、無意識が意識と同じ方向を向いていれば願望はかないます。

ところが、無意識は常に意識と同じ方向を向いているとは限りません。まったく逆の方向を向く場合もあります。

ダメ社員時代の私は、意識では「仕事ができるようになりたい」「優秀なセールスパーソンになりたい」「社内の人ともっとうまくコミュニケーションをとれるようになりたい」と願っていました。しかし無意識はまったく逆の願望を抱いていました。

意識と無意識とでは、無意識のほうが圧倒的にパワフルです。その結果、無意識の願望がかなうのです。

ダメ社員時代の私の意識と無意識を図にすると、左の図Aのようになります。

しかし三年たって、私の無意識のプログラムが変わったのです。

意識と無意識が同じ方向を向くようになったのです。すると、意識が望むことがかなうようになりました。

ダメ社員だったときの私（図A）と、三年たったときの私（図B）に共通していることは何でしょうか。

図Aの場合は、意識に反して無意識が思っていることがかなっています。図Bの場合は、意識・無意識の両方の思いどおりになっています。つまり、図Aも図Bも無意識が思っていることが実現しているのです。

つまり、願望がかなうというのは、**無意識が思っていることが実現するということ**

図 A

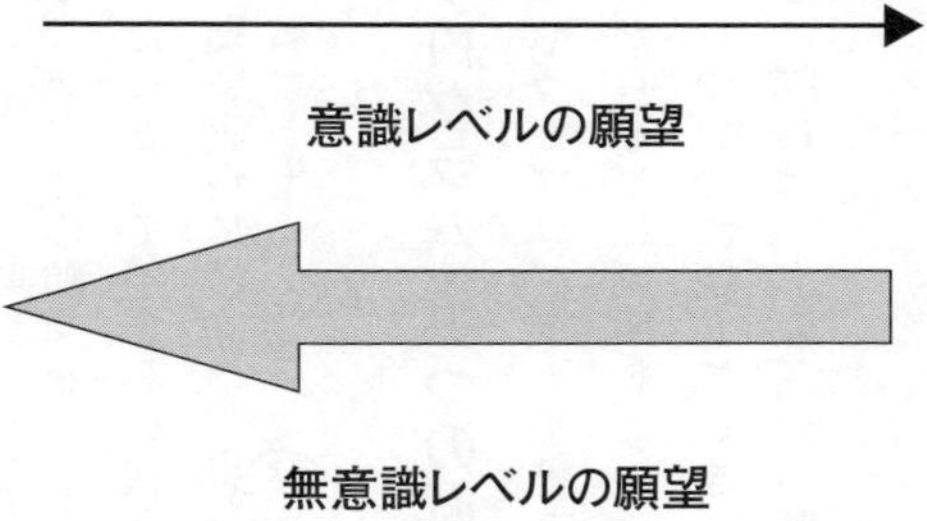
意識レベルの願望
無意識レベルの願望

図 B

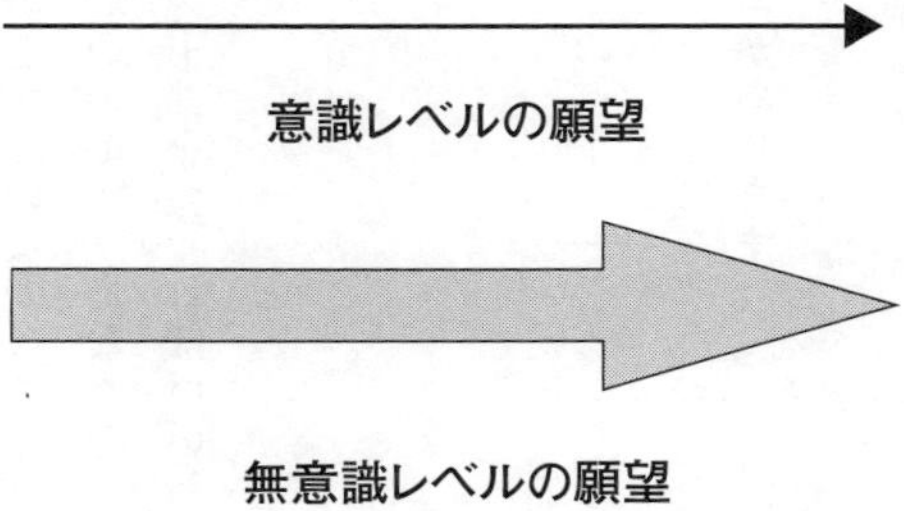
意識レベルの願望
無意識レベルの願望

となのです。意識と無意識が同じ方向を向いたとき、願望がかなうということなのです。

だとすれば、あなたの願望をかなえるには、あなたの無意識のなかにあるプログラムを、あなたにとって望ましい状態に書き換えればいいのです。あなたの「なりたい状態」や願望実現に役立つ、思い込み、セルフイメージをつくればいいわけです。

脳の基本プログラム・三つの原則

では、どうやってプログラムを書き換えるか?

それをこれから順番に説明していきますが、まずはそのベースとなる「脳の基本プログラム」について説明していきましょう。

私たち人間の脳には、次の三つの基本的なプログラムがあります。

1 脳は空白をつくるとそれを埋めようとする(空白の原則)

2 意識は同時にふたつ以上のことをとらえるのが苦手である。よって焦点化が

起こる（焦点化の原則）

3 脳は快を求めて痛みを避ける（快・痛みの原則）

ちなみに、この三つの原則は、ＮＬＰをわかりやすく理解するために、脳機能を研究したうえで私が名づけたもので、ＮＬＰで一般的にいわれているものではありません。

願望を実現させるためには、無意識のなかに願望を引き寄せるようなプログラムをつくればいいのですが、そのプログラムをつくるには、この「脳の基本的な三つのプログラム」をうまく利用するのがポイントなのです。

では、「脳の三つの基本プログラム」をひとつずつ見ていきましょう。

まずはひとつめ、脳は空白をつくるとそれを埋めようとする、という「空白の原則」についてです。

たとえば、次のような経験はないでしょうか。

友だちと映画やテレビ番組の話題で盛り上がっているとき、ある俳優について話したいと思ったのに、その俳優の名前が思い出せない——。

その俳優の名前はたしかに知っているはず、顔もしっかり思い出せる。でも名前が出てこない、というような経験が。

知っているはずのことが思い出せないと、どことなく気持ちが悪いですね。モヤモヤとした気分になる。そしてなんとか必死に思い出そうとします。その俳優が出演した映画のタイトルを思い出してみたり、あいうえお順に「音」を思い浮かべてみたり……。それでもやっぱり思い出せない。

ところが友だちと別れたあと、何気ない拍子にパッと名前が出てきたりする。ふとした瞬間に思い出したりするのです。

実は、これが「脳の基本的なプログラム」のひとつ、「空白の原則」なのです。

つまり、**脳は空白をつくるとそれを埋めようとするのです。**

空白とは、疑問のことです。

脳には、「わからない状態（空白）」を嫌うという性質があるのです。その結果、疑問が生じるとその答えを無意識に探しつづける。つまり、空白を埋めようとするのです。

そして、脳が答えを探しているとき、意識（顕在意識）のみならず無意識（潜在意識）も答えを探すために協力するといわれています。

なかなか思い出せなかった名前が、ある瞬間にふと浮かぶ。思い出そうと意識していないときに、パッと思い出すのは、無意識が働いていたからだといえるのです。

裏返せば、この空白（疑問）を利用することによって、私たちは意図的に無意識を活用することができるのです。

これはどういうことか。

仮にあなたが、「将来は作家になりたい」と考えているとしましょう。

たとえば「作家になったら、どんな作品を書きたいか？」と自分に問いかけてみてください。

あなたの意識は、問いの答えを探すために動きはじめます。あなたは「社会派の作品を書きたい、しかも若い人にも読んでもらいたいからエンターテインメント性のある社会派の作品を書きたい」などと考えるかもしれません。必死に考えれば考えるほど、無意識も答えを出すために協力します。

意識が考えに考え抜き、無意識も協力して考え抜き、無意識も「エンターテインメント性のある社会派の作品を書きたい」と考えたとしましょう。

こうなれば、作家になりたいという願望が引き寄せられる準備がひとつ整った、といえるのです。

願望を実現させやすい人というのは、その願望の実現後を見ている人です。

作家になりたいと強く願っている人が作家になれるのではありません。作家になったらどんな作品を書くかを考えている人が、作家になれるのです。

東大に入りたいと強く願っている人が東大に合格するのではありません。東大に入ったらどんな勉強をしたいか、どんな大学生活を送りたいかを考えている人が、東大に合格するのです。

会社に入りたいと強く願っている人がその会社の入社試験をパスできるのではありません。会社に入ったらそこでどんな仕事をしたいかを考えている人が、その会社の入社試験をパスできるのです。

つまり、自然に無意識（潜在意識）を活用している人たちが、願望を実現させるのです。願望実現をイメージすることの重要性については第4章でさらに詳しく扱っていきます。

人は焦点を当てたものだけが見える

次に、意識は同時にふたつ以上のことをとらえるのが苦手である、よって焦点化が起こるという「焦点化の原則」について見ていきましょう。

もしあなたが、過去に新卒の就職活動をした経験があったら、そのときのことを思い出してみてください。

そのとき、「街中にリクルートスーツ姿の学生がこんなにたくさんいるとは……」と感じませんでしたか。

就職活動をする学生の数は、年によってそれほど大きく変わるわけではありません。毎年、とくに冬から春にかけては、リクルートスーツ姿の学生が目立つようになります。あなたが就職活動をする前の年も、さらにその前の年も同じようにいたはずなのです。しかし気づかなかった。

ところが自分が就職活動をする立場になり、ほかの就職活動生を意識してはじめて、彼らの存在が目に入るようになったわけです。

あるいは妊娠した女性が、「世の中に、おなかの大きい人がこんなにいるとはいままで気づかなかった」というのもよく聞きます。自分が妊娠してはじめて、ほかの妊婦も意識するようになり、彼女たちの存在が目に入るようになった、というわけです。

私たちは通常、五感を使って外の世界を認識しています。その世界には無数のモノや人、生き物、自然があります。しかし実際には、そのなかの焦点を当てたものにしか、その存在に気づかないのです。

就職活動を始めて、ほかの就職活動生に焦点を当てたから彼らの存在に気づくようになったのです。自分が妊娠して、ほかの妊婦に焦点を当てたから彼女たちの存在に気づくようになったのです。

このように、私たちの意識は何かしらに焦点を当てます。私たちが住む「世界」は、無数のモノや人、生き物が存在する非常に複雑な世界ですが、**私たちの意識はどこかに焦点を当て、世界をシンプルにとらえているのです。**

この背景には、私たちの意識は同時にふたつ以上のことをとらえるのが苦手、という性質があります。

たとえば、友人と楽しく趣味の話をしながら、自分の将来について真剣に考えるのは困難です。あるいは過去のうれしかった出来事と辛《つら》かった出来事を同時に思い出すのも困難ですね。同時に思い出そうとすると頭が混乱して、けっきょくどちらも思い出せなくなります。

同時にふたりの人の話を真剣に聞くのもむずかしいですね。どちらの話も真剣に聞こうとすると、頭が混乱するはずです。

このような混乱を避けるために、焦点化が起きるのです。原則的に、意識は焦点を当てたひとつのことしか処理できないのです。

実は、この脳のプログラムが、あなたの願望実現を拒む要因となっている場合があります。しかし同時に、願望を実現させるために活用できる原則でもあるのです。

この焦点化の原則は願望実現をどのように拒んでいるのか、また願望を実現させるためにどう活用すればいいかは、順を追って説明していきます。

ここでは、**「意識は同時にふたつ以上のことをとらえるのが苦手である、よって焦点化が起きる」**という原則をまず頭に入れておいてください。

〝快〟につながるとき、脳はフルに働く

次に、脳の基本プログラムの三つめ、脳は快を求めて痛みを避けるという「快・痛みの原則」を見ていきましょう。

たとえば、中学や高校時代の試験勉強を思い出してください。

得意な科目の勉強は楽しくできても、苦手な科目の勉強は気乗りがしない。苦手な科目は勉強を始めようとしても集中できない、何かほかのことをやりたくなる。けっきょくろくに勉強できずに、試験の点数はイマイチ……。

このような経験はないでしょうか。

仕事でも同じような経験があると思います。得意な仕事は張り切ってできるのに、たとえばレポートを書くのは苦手で遅々として進まない、というようなことが。

これは、脳の「快・痛みの原則」に関係があるのです。

脳は「快」につながるような思考や行動をとるときに、最大限に働いてくれるのです。

よって得意科目はますます得意になります。苦手な科目の勉強は「痛み」なので、これを避けるためにたとえば部屋の掃除などを始めてしまいます。部屋はいつも以上にピカピカになります。

ところで、何を快とするか、何を痛みとするかは人それぞれに違います。

私はダメ社員時代、クレームづくりの「名人」でした。クレームは私にとって恐怖でしかありませんでした。

しかし、私の上司のひとりは、クレーム処理の名人でした。

ひとつのクレームの後ろにはたくさんの顧客がいる、ともいわれます。クレームは顧客を失うこともあるけれど、処理の仕方によっては顧客が増えるチャンスでもあるのです。

私がクレームをつくって落ち込んでいると、その上司は「山ちゃん、またやっちゃったのか?」とニコニコしていってきました。私にとってクレームはやっかいなものでしたが、彼にとっては「クレーム=クライアントと本音で語り合って仲よくなれるチャンス」だったのです。

このように同じ出来事でも、「快」ととらえるか「痛み」ととらえるかで、能力が発揮できる度合いは変わってくるのです。同じ出来事でも「快」に結びつけると、脳は高いレベルで働いてくれます。

願望を実現させるときにも、この「脳の基本プログラム」をうまく活用することが大事なのです。

たとえばあなたが「もっとお金持ちになりたい」という願望をもっているとしましょう。ところが手元には一万円しかないとします。

この状態を**「たった一万円しかない」ととらえるのと、「一万円もある」ととらえるのとでは、能力が発揮される度合いが変わってきます。**

当然、「一万円もある」ととらえたほうが脳は高いレベルで働いてくれます。お金が増えるような具体的な行動をとれるようになるのです。

すでに述べましたが、もともと物事の価値は無色透明で、決まってはいないのです。ですからあらゆる出来事は、あなたにとって「快」と感じられる意味に結びつけることが可能なのです。

「安全・安心欲求」が脳の基本プログラム

ここまで、

1 脳は空白をつくるとそれを埋めようとする（空白の原則）

2 意識は同時にふたつ以上のことをとらえるのが苦手である。よって焦点化が起こる（焦点化の原則）

3 脳は快を求めて痛みを避ける（快・痛みの原則）

の三つの脳のプログラムについて説明してきました。

この三つのプログラムをつくりだしているのは、人間の「安全・安心欲求」なのです。

人はさまざまな欲求をもっていますが、もっとも根本にあるのが一日でも長く生きながらえたいという生存欲求です。生きるためには安全であり、安心できる状態が望ましいですね。つまり、「安全・安心欲求」は、人間のもっとも深い部分の欲求であるといえるのです。

この「安全・安心欲求」が脳の基本プログラムのもととなっているのです。

脳の基本プログラムのひとつめとして、「空白の原則」をあげました。

脳はわからない状態（空白）をとても嫌う。ゆえに空白を埋めようとするのだ、と。

人は幽霊や暗闇などを恐れますが、これは**「よくわからないもの」**だからです。

よくわからないものはコントロール不能で、安全・安心感はありません。よって「わからない状態（空白）」が生じると、脳はそれを埋めようとするのです。

「焦点化の原則」においても同じことがいえます。

私たちが住む世界は、あらゆるモノ・人・生き物・自然などがあふれる複雑な世界です。この複雑な世界をありのまま受け入れるのは困難です。目に見えるすべての情報が意識に入ってきたら混乱します。複雑すぎてコントロールがききません。

そこで焦点化し、シンプルにとらえようとするのです。

シンプルなほうがコントロールしやすいですね。コントロールできれば安全・安心を感じることができます。76ページでは「一般化」（部分を全体につなげること）について説明しました。たとえば犬恐怖症の人であれば、恐ろしい犬と安全な犬といちいち分けて認識するより、「犬＝危険」と一般化してしまったほうがシンプルで理解しやすいわけです。このように、「一般化」も脳の基本プログラムのひとつである「焦点化の原則」がつくりだすと考えることができます。

「快・痛みの原則」も同様で、安全・安心欲求があるからこそ、脳は快を求めて痛みを避けるのです。

ワクワクしたりよく笑ったりする人は、長生きするといわれています。実際に、笑いがからだの免疫力をアップさせることや、笑いの治療効果が実証されています。逆にストレスをためて硬い表情ばかりしていると、病気になりやすいともいわれています。脳は、「快」の状態でいるほうが長く生きながらえることを知っているわけです。よって、快を求めて痛みを避けるのです。

ところで、この「安全・安心欲求」と願望実現にはどんな関係があるのでしょうか。

実は、人のもっとも深い欲求である「安全・安心欲求」が、願望実現を阻む要因になる場合があるのです。

第1章で、禁煙セラピーを行った女性の例を取り上げました。

彼女の場合、「煙草《たばこ》をやめたい」という願望を阻むのは、彼女の無意識のなかにある「禁煙＝仲間はずれ」というプログラムでした。仲間はずれという状況は、安全でもなく安心でもありません。つまり、無意識は彼女の「安全・安心」を守るために彼女に喫煙を続けさせていたのです。

このように「安全・安心欲求」が、願望実現のじゃまになる場合があるのです。しかし、その存在に気づけば対処ができます。じゃまになっているのは何なのかがわかれば、その要因を取り除くことができるのです。

一方、人は安全・安心を感じているとき（「安全・安心欲求」が満たされているとき）、自分を守る必要がないので、からだも心もリラックスします。願望実現への具体的な行動を素直にとれるような状態になるのです。逆にからだも心も緊張状態にあるときには、その行動をとれないばかりか、願望を実現させたいという前向きな気持ちも起きないかもしれません。

「安全・安心欲求」は、願望実現を阻む要因になる場合もありますが、逆にそれが満たされなければ願望実現がむずかしくなるものでもあるのです。

内的体験で新たなプログラムをつくる

前章で、プログラムは体験によってつくられるのだ、と述べました。

だとすれば、新たな体験によって新たなプログラムをつくればいいのです。

といっても、意図的に体験をするのはそうたやすいことではありません。たとえば恐怖症の人は、幼児期の強烈な体験が原因になっている場合がほとんどといわれます。犬恐怖症の人なら、幼児期に犬に噛《か》まれた経験、高所恐怖症の人なら、幼児期に父親の肩車から落ちた経験などです。

あるいは私のダメ社員時代、「私は仕事ができない」というプログラムが私の無意識にできたのは、新入社員時代のミス、そして上司に激しく叱責されるという経験からでした。

つまりプログラムをつくる体験というのは、偶発的なものがほとんどなのです。その体験を意図的に行うのは困難です。

人によっては、すでにあるプログラムが、さらなる偶発的な体験によってガラッと書き換えられることもあります。けれど、そんな偶発的な体験を待ちつづけるのは建設的ではありませんし、そのような出来事が必ず起きることも保証はできません。

では、どうするか。

別の種類の体験を活用するのです。

実は、体験には二種類あります。外的体験と内的体験のふたつです。

外的体験とは、実際の体験のこと。たとえば、いまあなたはこの本を読んでくださっていますが、その「いま・ここの体験」を外的体験といいます。

内的体験とは、いわゆる空想上の体験、想像上の体験、イメージのうえでの体験のこと。ちょっとここで本書を置いて、別の本を読んでいるシーンを想像してみてください……。

いまのあなたの頭のなかでの体験が、内的体験です。

そしてここが重要なのですが、プログラムは内的体験によってもつくることができるのです。

内的体験によるプログラムの書き換えを、古今東西あらゆる賢者や能力開発の専門家は推奨しています。どのような形で推奨しているかというと、「イメージトレーニング」という名前で推奨しているのです。

いわゆる自己啓発書にも、よく「なりたい自分をイメージしなさい」と書かれています。

しかし、果たしてそれで本当になりたい自分になれるでしょうか。イメージトレーニングでプログラムは書き換わるでしょうか。

答えはイエスであり、ノーです。

実は、**イメージトレーニングには〝強い〟イメージトレーニングと〝弱い〟イメージトレーニングの二種類があるのです。**強いイメージトレーニングならプログラムは書き換わりますが、弱いイメージトレーニングではなかなか書き換わりません。

そして多くの人は、弱いイメージトレーニングしかやっていないのです。

では、その差はどこにあるのか。

ここで、実際にあなたの願望が実現したときのことをイメージしてみてください。

さて、あなたがいま「願望を実現したとき」のイメージをした際、あなたはあなたの五感（視覚、聴覚、身体感覚、嗅覚、味覚）のうち、どれを使ったでしょうか？

おそらく多くの方が、視覚のみを使ったと思います。願望を実現したときのシーンを頭に思い描き、それを視覚で見ていたと思います。なぜなら「イメージしてください」といわれたときに、「イメージ」という言葉にひきずられて、多くの人は「視覚的な映像を見ることだ」と思ってしまうからなのです。

実は、この視覚のみを使ったイメージトレーニングとは、〝弱い〟イメージトレーニングなのです。

一方の〝強い〟イメージトレーニングとは、五感全部を総動員したものをいいます。視覚、聴覚、身体感覚、嗅覚、味覚すべてを使い、まるで実際に自分が動き、感じているかのごとくイメージすることをいいます。

プログラムを書き換えるには、この強烈なイメージトレーニングが必要なのです。

なぜならすでにお伝えしているように、プログラムはインパクト（強烈な体験）によってできるからです。

強いイメージで「なりきる」のがコツ

願望実現のコツをひとことでいうなら、「なりきる」ことです。

起業したいと願うなら、すでに起業を実現した自分になりきるのです。

もっと生き生きしたいと願うなら、いまより生き生きした自分になりきるのです。

こういう仕事がしたいと思うなら、その仕事をしている自分になりきるのです。

では、なりきるにはどうすればいいか。

それが、五感全部を総動員した、〝強い〟イメージトレーニングを行うことなのです。

これまで「プログラムは体験によってつくられるのだ」と述べてきましたが、この体験のもととなっているのが実は五感なのです。

五感とは、視覚（Visual）、聴覚（Auditory）、身体感覚（Kinesthetic）、嗅覚（Olfactory）、味覚（Gustatory）のこと。NLPではとくに視覚（V）、聴覚（A）、身体感覚（K）を重視します。嗅覚（O）と味覚（G）は、身体感覚の一部と考えます。

たとえば焼きたてのハンバーグを食べる体験を考えてみましょう。まず目の前にハンバーグがあり、これを視覚がとらえます。ジューッと焼ける音が聞こえます。匂いがあります。味もあります。

あるいは映画を観るという体験。視覚で映像をとらえ、聴覚でセリフやバックミュージックをとらえ、身体感覚で感動したり、恐怖を味わったり、笑ったりしますね。

あるいはサーフィンという体験。視覚で波をとらえ、聴覚で波や風の音をとらえ、身体感覚で波のうねりを感じます。

このように、あらゆる体験は五感で成り立っているのです。

ここで、先ほどの強いイメージトレーニングと弱いイメージトレーニングの話に戻りましょう。

弱いイメージトレーニングとは、視覚のみを使ったものでした。

強いイメージトレーニングとは、五感全部を使ったものでした。

つまり、本当の強いイメージトレーニングとは、実際の体験（外的体験）に近いものなのです。

そして願望を実現させるようなプログラムをつくるには、この強いイメージトレーニングが必要なのです。

ではここで、実際に、弱いイメージトレーニングと強いイメージトレーニングの違いを体験していただきたいと思います。

以下の手順でイメージをしてみてください。

まず、あなたの前にテレビの画面があると思ってください。

そして一度大きく深呼吸をしてください。

そして、あなたの過去にあった何らかのうれしかった体験をテレビ画面に映して、それを客観的に見てください。目を閉じたほうがイメージしやすい場合は、目を閉じます。

大学受験に合格したときの場面でも、結婚式の場面でも、仕事でうまくいったときの場面でも何でもいいのです。とにかく自分がうれしかった体験を画面に映します。そして自分が出演している映像を、外側から客観的に眺めるのです。

自分の姿を見ることができたでしょうか？

ここで、もう一度大きく深呼吸してください。

今度はそのテレビ画面のなかに入って、テレビの世界のなかにいる自分自身と同一化します。テレビのなかの自分と合体して、過去、本当にうれしかったという体験そのものをふたたび体験するのです。

先ほどは、外側から自分自身を見ていましたが、いまは目の前に世界が広がっている感じがすると思います。

そして五感すべてを使って、ありありと実感してみてください。まわりを見るだけではなく、聞いて、感じてください。何かを食べているシーンなら、味覚を感じてください。匂いがあるなら匂いも感じてください。

さて、いかがだったでしょうか。

最初に「外側から自分を見る」体験をしていただきました。そして次に「内側に入る」体験をしていただきました。

外側から見ているときは、客観的に、他人事のように感じられた方が多かったと思いますが、内側に入ったときはありありと自分自身の体験として実感することが

● ディソシエイト（外側から自分の映像を見る）

● アソシエイト（映像のなかにいて体験する）

できたのではないでしょうか。たとえば温度を感じたり、胸が熱くなったり、本当にうれしいと感じた方もいるかもしれません。

NLPでは、いま最初に体験していただいた、外側から自分自身の映像を見る体験を「ディソシエイト（分離体験）」、次に体験していただいた、映像のなかに入り込み、実感して体験することを「アソシエイト（実体験）」と呼びます。

先ほど、内的体験でもプログラムは書き換えられるのだと述べましたが、**同じ内的体験でもアソシエイト（実体験）でなければいけないのです。**

プログラムは「インパクト（強烈な体験）」と「くり返し」によってできると68ページで述べました。

では、外的体験（実際の体験）と内的体験（頭のなかでのイメージ体験）のどちらがインパクトがあるか。たとえばジェットコースターに実際に乗る体験（外的体験）と、ジェットコースターに乗っている自分をイメージする体験（内的体験）では、どちらが強烈か。いうまでもなく外的体験のはずです。

私たちがすでに無意識にもっているプログラムというのは、強力な外的体験によってつくられてきたわけですから、私たちが意図的にプログラムをつくるには少しでも実際の体験に近づけなければならないのです。

よって、五感をフルに使う強いイメージトレーニングが必要なのです。

つまり、「なりきる」ことが大事なのです。

願望を実現した自分になりきることで、プログラムは書き換えられるのです。

脳は現実とイメージとを区別できない

内的体験（想像上の体験）だけで、本当にプログラムは変わるのだろうか？

こんな疑問をもつ方もいるかもしれません。

この疑問を解消するためにも、ここでまた、ひとつのイメージトレーニングをしていただきたいのです。

次の手順で、五感をフルに使ってイメージをしてみてください。


まず最初に、一度大きく深呼吸をしてください。

そして手のひらを上にして、そこにレモンが載っていると思ってください。

そのレモンを見ます。黄色いレモンです。

次にそのレモンの重さを感じてみてください。新鮮なレモンなので、少し重い感じがします。

次にレモンの温度を感じてみてください。少しひんやりするかもしれません。夏ならそのひんやり感が心地よく感じるでしょうし、冬なら冷たいと感じるでしょう。そして皮の表面の感触を手のひらで感じます。小さな凹凸を感じるかもしれません。

次にそのレモンを鼻に近づけてみてください。そして匂いをかぎます。ツーンとしたレモンの香りがしますね。

次に包丁で、そのレモンをふたつに切ります。果汁がしたたり落ちてきます。同時に強烈な酸っぱい匂いが広がります。さらに鼻を近づけます。さらにキツい匂いがします。

そして、切った片方を手にとり、レモンをガブッとかじってください。レモンの汁がワッと口のなかに広がります。同時に強烈な酸っぱさが口のなかに広がります。

さて、いかがだったでしょうか。

口のなかに唾が出てきたのではないでしょうか。あるいは、汗をかいた方もいるかもしれません。

レモンを食べたのは想像上の体験なのに、からだはまるで本当に食べたかのごとく反応したと思います。

実は、**脳は実際の体験と想像上の体験、イメージの体験を区別することができないのです。** どちらも実際の体験だと思ってしまうのです。

よって、内的体験、架空の体験、想像上の体験でも、プログラムをつくることができるのです。

これは、私たち人間のものすごく大きな希望といえます。

すでに私たちのなかにあるプログラムというのは、偶発的な体験によってつくられたものばかりです。自分の意思でつくったものではありません。そのプログラムが私たちの行動を決定づけていたのです。

いまのあなたが、仮になかなか願望を実現させられない状況にあるとしたら、それはあなたのプログラムがそうさせていたのです。

しかし、私たち人間には可能性があります。自分の意思で新たなプログラムをつくりだすことができるのです。その際、私たち人間が活用できる最大のリソース（資源）は「五感」なのです。なぜなら、私たちのプログラムは「五感」によってつくられるからです。68ページで強烈な体験がプログラムをつくると述べました。そして、114ページでは体験は五感でできているとお伝えしました。いい換えれば、強烈な五感がプログラムをつくるという意味になるのです。

犬恐怖症の場合も「恐ろしい犬が吠《ほ》える声（A）」「強そうな風貌（V）」「噛みつかれたときに感じる痛み（K）」や「恐怖心（K）」、これらの五感がプログラムのもととなっています。

一方、肯定的なプログラムも同じく五感によってできるのです。たとえば、結婚式を挙げたとしましょう。「きれいな会場（V）」で、「きれいなウェディングドレス（V）」を着て、「大切な友人たちから祝福されて（VとA）」、「全身で幸福を感じた（K）」とします。

この体験によって、自分のなかでしあわせを感じられるプログラムができるでしょう。この体験を思い出すたびに幸福を感じるでしょうし、友人などの結婚式に行くたびに、かつての結婚式のシーンを思い出して胸が熱くなるかもしれません。

この結婚式の体験は外的体験（実際の体験）ですが、内的体験（想像上の体験）でもプログラムはできるとお伝えしました。つまり、五感をフルに使ったイメージトレーニングを行い、疑似体験をすることで、セルフイメージを高めたり、特定のプログラムをつくることも可能なのです。

また、私たちは暗いニュースを見ると気持ちが沈みます。逆に、大好きな曲を聴いたりするとうれしさがこみあげてくるでしょう。これは、五感の質が私たちの状態に大きな影響を与えていることを意味します。

このように五感の使い方を学ぶことで、肯定的なプログラムをつくったり、絶好調な状態をつくることができるのです。私たち人間は自ら未来を切り開く力をもっているのです。

言葉はどのように無意識に影響するか

内的体験（イメージトレーニング）が、無意識のプログラムをつくる――。

と述べましたが、ここで次のような疑問が浮かぶ方もいるかもしれません。

イメージトレーニングは意識で行うものであって、それがどうやって無意識に届くのか、と。

そこで「意識で考えることが無意識に届くプロセス」を見ていきましょう。

ここでふたたび、意識と無意識に目を向けます。

意識はあらゆることに対して、いろいろなことを考えますね。つまり、意識とは思考なのです。では思考は何からできているかといえば、言葉です。言葉にならないことは思考できません。「思考=言葉」ともいえるのです。

ここで言葉の特性について考えてみましょう。

特定の言葉の意味や概念は、体験・経験を重ねていくなかでできていきます。

たとえば「山」という言葉。

山という言葉を聞いて、あなたはどんな山を思い浮かべますか。

私は研修でも同じような質問をよくするのですが、イメージする山は人によって

内的体験＝架空・想像上の体験

外的体験＝実際の体験

強いイメージトレーニング＝五感すべてで体験する

弱いイメージトレーニング＝頭で思い浮かべるだけ

実にさまざまです。静岡で研修したときには、富士山をイメージしたという人が多数でしたが、大阪で研修したときには六甲山系をイメージする人が多数を占めました。家の窓から見える山をイメージした人もいれば、銭湯のタイルに描かれた富士山をイメージした人もいました。カナダ育ちの人ならロッキー山脈、中国やネパールの人ならヒマラヤ山脈をイメージするかもしれません。

このように、**同じ「山」という言葉でも、その意味や概念は人によって変わるのです**。なぜなら、人それぞれ育ってきた環境は違い、体験・経験も異なります。その体験・経験によって言葉の意味や概念は決まってくるからです。

この言葉の特性は、他人とのコミュニケーションにおいてもよく表れます。

たとえば、私は研修でよく、私が子どものころに経験した盆踊りの話をします。

私は子どものころ、盆踊りが大好きでした。私は兵庫県尼崎で生まれ育ったのですが、家の近くには武庫川が流れていました。その河川敷で、毎年八月になると盆踊りが行われていたのです。家にいても、ドンドコ、ドンドコという盆踊りの太鼓の音が聞こえてきました。

盆踊り会場には、人が大勢集まっていました。会場の真んなかにやぐらが立ち、そのてっぺんで屈強な男性が力強く太鼓を叩《たた》いています。やぐらのまわりには、ちょうちんがたくさん吊《つ》られ、きれいな光を放っていました。また、浴衣《ゆかた》を着た男女がやぐらのまわりで踊っていました。幼いころの私にはとても幻想的な風景に見えたのです――。

さて、いまあなたはどんな盆踊りの風景をイメージしたでしょうか。

自分が子どものときに体験した近所の盆踊りの風景、おばあちゃんの家に帰省したときの盆踊りの風景、あるいはテレビで見た盆踊りの風景……。人によって浮か

山
言葉
過去の音や映像
感覚や感情
祭り
祭

んだ風景はさまざまだと思いますが、いずれにしても、自分の過去の体験・経験につながっていたはずです。私が実際に経験した、兵庫県の武庫川沿いでの盆踊り風景をイメージした人は、ほとんどいないでしょう。

このように、**言葉を聞くと、無意識にその言葉に関連するイメージを見てしまうのです。**言葉は、過去の映像や音につながります。

そしてその映像や音は、感覚や感情につながっていきます。

先ほどイメージした盆踊りの映像や音には、ある感覚（懐かしい感じ、ワクワクする感じ、ドキドキする感じなど）が伴ったと思います。

あるいはテレビのニュース番組などで殺人事件などの暗い話題の映像を見ると、陰鬱な気分になるという人もいるでしょう。暗い言葉を聞いたり映像を見たりすることによって、それらの映像や言葉にふさわしい気持ち、感覚につながってしまうからです。

さて、ここでふたたび思い出してほしいのが、意識と無意識の特徴です。

意識とは、思考・言葉でした。

無意識とは、感覚でした。

言葉は、あなたの過去の映像や音などにつながり、ある感覚や感情をもたらします。

つまり、**言葉は無意識にアクセスするのです。意識で使われる言葉は、無意識の感覚に影響を与えるのです。**

よって、意識で行われるイメージトレーニングが無意識のプログラムをつくるのです。

実は、これはNLPの基本の考え方でもあります。

ここまであえて触れてきませんでしたが、NLPとは、Neuro（ニューロ）、Linguistic（リングウィスティック）、Programming（プログラミング）の略です。

Neuroとは、神経を意味しますが、ここでは「五感」ととらえたほうがわかりやすいでしょう。Linguisticは、言葉を意味します。Programmingは、体験・経験によってできる、人を動かすプログラムのことです。

NLPとは、「五感と言葉が脳のプログラムをつくったり起動させたりする」と考えることができるのです。

言葉が無意識に影響を与える——だからこそ、**私たちは意識してポジティブな前**

向きの言葉を使うよう努めなければなりません。ポジティブな言葉を選んで使うことの効用は、自己啓発の分野ではよくいわれてきたことですが、NLPの理論からしても真実なのです。

生理現象と感覚が変化のバロメーター

内的体験、なかでも五感を使った強いイメージトレーニングによってプログラムは書き換えられるのだ、と述べました。

では、そのプログラムが本当に書き換えられたかどうかは、どうやってたしかめるのか。

プログラムは常に無意識のなかにあります。無意識は、私たちの気づかない心の領域です。

となると、一見、プログラムが書き換えられたかどうかをたしかめる術《すべ》はないように思えるかもしれません。しかし、たしかめる術はあるのです。

ひとつは生理現象です。

生理現象は、すべて無意識のプロセスです。たとえば「いま、この場で思いきり汗をかいてください」といっても、無理な話ですね。あるいはサウナにいる人に「汗をかくのをやめてください」といっても無理です。「あなたの体温を一度上げてください」「あなたの体温を一度下げてください」というのも無理な話ですね。生理現象は意識でコントロールできないのです。

その生理現象が起きたということは、無意識のレベルに何らかのメッセージが届いたということになります。

たとえば先ほどのレモンのイメージトレーニングで、唾が出たという方は多いでしょう。

唾が出るという生理現象が起きたということは、レモンを食べた体験が無意識レベルに届いている、ということなのです。

もうひとつ、無意識のプログラムが書き換えられたかどうかがわかるのは、感覚です。

30ページで「意識は思考・言葉であり、無意識は感覚だ」と述べました。無意識のなかにあるプログラムは、私たちにある感覚をもたらすのです。

たとえば犬恐怖症というプログラムをもっている人は、犬を見ると「怖い」と感じます。怖いというのは感覚ですね。犬恐怖症でなくなると、怖いという感覚はなくなります。

あるいは「お金持ちはケチだ」というプログラムをもっている人がいるとしましょう。この人はお金持ちの人を見ると嫌悪感を抱くでしょう。しかしプログラムが書き換えられれば、嫌悪感という感覚はなくなります。

このように、プログラムが書き換えられたかどうかは感覚でわかるのです。いい換えれば、プログラムを変えるというのは、感覚を変えることなのです。

第4章 未来を先取りする方法

できて当然と思えたことは実現できる

すでにお伝えしてきたとおり、人は「その状態が当然」と自然に思っている状態を引き寄せるものです。

何かに成功する人とは、「自分は成功して当たり前」と思っている人です。ベンツを買える人とは、「ベンツなんかすぐに買える」と思っている人です。

家族や親戚に東大出身者がいる人は、いない人より東大に入る確率が高いといわれます。それは、「親が東大に行っているのだから私だって当然入れる」と思う人が多いからです。

プログラムが「まっさら」な子どものころに、両親が東大出身だと聞かされた人は、東大を身近なものに感じられる。ほかの大学を知らないこの子どもにとって、東大へ行くことは自然で当たり前のことのように感じられるというわけです。

あるいは貧乏な家庭に育った人は、お金持ちになりにくいといわれます。逆に、裕福な家庭に育った人は、特別な才能がなくても一生お金に困らない場合が多いといわれます。

貧乏な家庭に育った人は、「貧乏が普通」という状態になっており、逆に裕福な人は、「お金があるのが普通」と思っているからです。

願望を実現させやすい人というのは、「実現できて当然なのだ」と自然に思っている人であり、感覚レベルで「願望実現は可能」と感じられている人なのです。

それこそが夢や願いを次々に実現する人と、いくら願ってもなかなかかなわない人の違いなのです。

よって、もしあなたが何かを望むなら、「それを手に入れて当然」と自然に感じる必要があります。決して「こうしたい」と強く願うのではなく、あくまで自然に、できて当たり前という感覚をもつのです。

では、その状態にするにはどうしたらよいか。

そのひとつの方法が「メタアウトカム」を設定することです。

メタアウトカムとは、「願望が実現したあと、どうなるか」ということです。

メタとはギリシャ語で「〜を超えて」「〜の先に」という意味。アウトカムは前に述べたように「目標、願望、なりたい状態」という意味です。

要するに、すでに目標を達成したとして、そのあとに何をしたいかを具体的に考えるのです。

これはすでに98ページでご紹介していますが、「東大に入りたい」という願望なら、東大に入ったあとに何をしたいか、を考えるのです。

「税理士になりたい」という人は、税理士になったあとにどんなビジネスをしたいか、を考えるのです。

すると、**本来の目標が途中経過、通過点になるのです。**

つまり、目標の価値が下がるのです。目標達成の難易度が低くなる。「越えて当然のハードル」になるのです。

そもそも「ハードルの高さ」は、心理的なものなのです。思い込みが人生に甚大な影響を与えるということはくり返し述べてきましたが、人間は最終の到達点を困難なものだと思い込んでしまうのです。よってメタアウトカムを設定し、目標を通過点に変えて心理的なハードルを下げることは驚くほど効果的です。

私は大学時代に塾の講師のアルバイトをしていました。このとき、生徒たちには自分が入りたいと思っている大学よりもワンランク上のレベルの大学を目指させました。すると多くの生徒たちは、ワンランク上の大学には惜しくも届かなかったものの、もともと入りたいと思っていた大学には合格できたのです。これもメタアウトカムの設定の応用です。

また、メタアウトカムを設定すること（目標達成後をありありとイメージすること）によって、脳は錯覚を起こします。

私が塾の講師をやっていたときの教え子たちは、どちらかというと成績のあまりよくないタイプでした。当然、塾の時間だけでは十分なフォローはできません。そこで、教え子のひとりの父親が所有していた空き家を借り、塾の時間外にもボランティアで彼らに勉強を教えていたのです。

といっても時間の大半は、大学がどんなに楽しいところかという話に費やしていました。「大学に行けば遊ぶ時間がたくさんできる。アルバイトもできる。アルバイトで稼いだお金で自分の好きなものを買えるし、どこにでも遊びにいけるんだぞ」などといっていたのです。

そして、ときには大学巡りをしました。塾は関西にあったので、その近郊の同志社大学、関西学院大学、甲南大学などに子どもたちを連れていくのです。そのときはわざと、子どもたちを愛車のスカイラインに乗せていきました。大学生になればアルバイトをしてスカイラインだって買えるのだ、ということを子どもたちに感じさせるためでした。

大学に着くと、校内をぐるっとひとまわりします。当然、子どもたちは多くの大学生を目にします。ときには、大学生に混ざって学食でご飯を食べました。最後は門の前で写真を撮って終了です。

実際に大学に行って、その場の空気に触れると、子どもたちのなかの大学というイメージはグッとリアリティを増します。大学合格後のイメージを抱きやすくなるのです。

そして毎日、事あるごとに大学生活の話をする。部屋には大学の門のところで撮った写真を貼ります。自然と子どもたちは毎日毎日、自分が気に入った大学での大学生活をイメージするようになるのです。

すると脳が錯覚する。「ああ、これが自分なんだ」と思うようになるのです。「大学生になるのが当然」という状態になるのです。また、大学は楽しいところだという「快」に結びつけた「一般化」は、彼らから受験勉強に対する強力なモチベーションも引き出しました。

そして実際、私の教え子は全員、大学に合格することができました。私が「大学は遊ぶところだ」といいすぎたあまり、留年する学生が多かったというおまけつきですが……。

話を元に戻すと、**この「できて当然」という状態にすることが、願望実現のポイントなのです。**

そのためには、目標達成後のことを考える。目標そのものを通過点としてとらえることです。

目標達成後をリアリティをもってイメージするには、私が子どもたちを大学に連れていったように素材集めが必要な場合もあるでしょう。

よく「ほしいものがあったら、その写真を壁に貼っておきなさい」といわれますね。これはイメージのリアリティを高めるためなのです。「手に入れて当然」という状態をつくるための素材なのです。

目標設定の言葉づかいを間違えるな

願望実現のための重要なポイントのひとつ。それが、

目標には必ず「なりたい状態」をイメージできる言葉を使う。

ということです。

突然ですが、いまあなたは次のようにいわれたとします。

「白熊を絶対にイメージしないでください」

さて、あなたは、白熊をイメージせずにすんだでしょうか？
おそらく白熊をイメージしてしまったはずです。白熊という言葉を見たり聞いたりしたとたん、瞬間的に白熊のイメージが頭のどこかに湧いてしまったはずです。

同じように、人は「なりたい状態」を設定しようとして、逆に「なりたくない状態」を設定してしまいがちなのです。

たとえば、結婚式のスピーチを頼まれたときを考えてみましょう。たいていの人は「リラックスして話そう」とか「成功させよう」とは考えずに、「緊張しないで話そう」「失敗しないようにしよう」と思ってしまいます。それでは、「緊張」や「失敗」をイメージしてしまいます。

あるいは、「大役なのだから当日は風邪《かぜ》をひかないようにしよう」「体調を崩さないようにしよう」などと考えます。「当日まで元気に過ごそう」とは思わないのです。

つまり、「なりたい」状態ではなく、「なりたくない」状態を否定する形になってしまっているのです。

それでは、目標設定はうまくいきません。

無意識には否定語を認識できないという特性があるのです。いくら「〜するな」といわれても、その否定語は届かないのです。

とくに小さな子どもの場合では顕著です。

手におもちゃをもっている子どもに、「そのおもちゃを投げてはいけない」というと、たいてい子どもはおもちゃを投げます。

水がたっぷり入ったコップをもった子どもに、「水をこぼさないようにしなさい」というと、たいてい子どもは水をこぼしてしまいます。否定語は認識せずに、その前の言葉だけがイメージとして頭のなかに広がるのです。そしてそのイメージは実行されます。

小さな子どもに限りません。

たとえば落書きが多いのは、「落書き禁止」と書かれているところです。「駐輪禁止」という看板の前にズラッと自転車が並んでいる光景も珍しくありませんね。「落書き禁止」「駐輪禁止」などと書くことでかえって落書きや駐輪というイメージが湧き、思わず（無意識に）行動に移してしまう人が多いのです。

しかし最近は、この脳の特性を理解している人が増えてきて、たとえばコンビニエンスストアのトイレなどでは「きれいに使っていただき、ありがとうございます」などと書かれるようになりました。これなら「きれいに使う」ことがイメージされて、きれいに使う人が多くなります。

目標設定も同じで、「緊張しないで話そう」と思えば緊張してしまうし、「失敗しないで話そう」と思えば失敗してしまうのです。

ですから、目標設定も「なりたくない状態を否定する」形ではなく、「なりたい状態」を設定するのがポイントです。

短所を克服するよりも長所を伸ばせ

あなたの願望をかなえるためには、**「自分のなかにあるものを伸ばす」という観点でゴールを設定することも重要です。**

あなたの願望を実現させるために必要な要素（能力、人脈、お金など）は、きっとたくさんあるでしょう。そのうち、「あなたがすでにもっているリソース（資源）を伸ばす」という設定をするのです。

リソースとは、願望を実現させるために役立つあらゆるもの（知識、能力、環境、性格、人間関係など）をいいます。そしてＮＬＰでは、だれもがこのリソースに満ちあふれているという考え方をするのです。

たとえば、英語をペラペラ話せるようになりたい、という願望をもっている人がいるとしましょう。

英語をペラペラ話せるようになるには、英語を聞く能力、正しく発音する能力、単語や文法を暗記する能力、間違っても気にしない度胸などの要素が必要です。さらに、英語の勉強をする時間やテキストを買う資金など、まだまだ多くの要素があるでしょう。

このうち、自分が得意だと思うものを、もっと伸ばすようにするのです。いわゆる長所伸展です。

ところが多くの人はこの逆をしてしまいがちです。「私は発音が苦手。だから発音をしっかり勉強しよう」「覚えている単語の数が少ない。とにかく単語を暗記しよう」などというように、短所を克服しようとしてしまうのです。

あるいは、「新築の庭つき一戸建てに住みたい」と思っている人がいるとしましょう。しかし資金が足りない。資金が足りないのは、自分の無駄遣いが多いからだとしますね。

するとたいていは、「無駄遣いをやめるようにしよう」と考えます。まずは短所を克服しようと考えるのです。

でも資金をためる方法は、無駄遣いをやめること以外にもいくらだってあります。無駄遣いもするけれど、節約も意外と好きで得意という人もいるでしょう。そんな人は、無駄遣いをやめる努力をするのではなく、節約の腕をさらに磨くのです。短所克服ではなく、長所伸展をめざすのです。願望を実現するために必要な要素のうち、すでに自分がもっているものを伸ばすようにするのです。このほうが短所克服よりはるかに効率的です。

ここで、102ページで述べた脳の基本プログラム「快・痛みの原則」を思い出してください。

脳は「快」につながるような思考や行動をとるときに最大限に働いてくれる。

と述べました。

長所伸展は、脳にとっては「快」です。短所克服は、脳にとって「痛み」です。

つまり、短所克服より長所伸展のほうが脳は効率よく働いてくれるのです。

ところで、この「自分のなかにあるものを伸ばす」という目標設定には、落とし穴もあります。

この目標設定をするには、まず自分のなかにあるもの（リソース）を探し出さなければなりません。どんな願望でも、その願望を実現させるためのリソースを、人はだれでも必ずもっています。

ところが自分に自信がない状態にある人は、このリソースを見つけられないのです。自分にはよい要素など何ひとつないと思ってしまうのです。

ダメ社員時代の私がそうでした。

クライアントを怒らせる。クレームばかりつくる。私の新入社員時代はダメ尽くしでしたが、実際には失敗ばかりというわけではなく、うまくできた部分もあったのです。

社内の大半の人は私を「どうしようもない社員」と思ってあきらめていましたが、なかには「山崎をなんとかしよう」と思ってくれる人もいました。そんな人は、私のよい部分を一生懸命探してくれて、このへんはうまくできたじゃないか、あの件は成功したじゃないか、などと慰め、励ましてくれたのです。

しかしすっかり自信をなくしている私は、素直にまわりの言葉を受け入れられないのです。「そんなことない、やっぱり自分はダメだ……」と思ってしまう。相手の言葉も、そして自分自身も、すべて否定してしまっていました。

ここで、99ページの脳の基本プログラム「焦点化の原則」を思い出してください。

私たちは通常、五感を使って外の世界を認識しています。その世界には無数のモノや人、生き物、自然があります。しかし実際には、焦点を当てたものにしか、その存在に気づかないものです。

原則的に、意識は焦点を当てたひとつのことしか処理できない。

と述べました。

実は、**人は自分に対しても「焦点化」するのです。**

人は、あらゆる面をもっています。ひとりの人間でも、勤勉な面もあれば怠慢な面もある。邪悪な面もあれば誠実な面もある。優しい面もあれば、怖い面もある。

ポジティブな自分もいれば、ネガティブな自分もいます。ひとりの人間は実に多様な要素でできています。とてもひとことではいい表せません。

しかし、くり返しますが、人は自分に対しても「焦点化」するのです。

ダメ社員時代に、私が自分のことを「私は仕事ができない人間だ」と焦点化したように、私はこういう人間だ、私はこういうタイプだ、と決めつけてしまう。自分のある一面だけに焦点を当てて、それがすべてであるかのごとく思ってしまうのです。

すると、やはり「焦点化の原則」で、ほかの部分が見えなくなります。「仕事ができない部分」に焦点を当ててしまうと、それ以外の自分は見えなくなってしまうのです。まわりからどんなに「こんなよい部分もある」「この部分だってよいじゃないか」といわれても、信じられない、実感できない、ということになるのです。

このように、否定的な焦点にどっぷり浸《つ》かってしまっている状態のときは、「自分のなかにあるリソース」を見つけるのはとても無理な話で、長所の伸ばしようがありません。

しかしすべては思い込みです。それらは、真実ではないのです。

自分はダメだと思っていることも、自分には何ひとつ得意なものなどないと思っていることも、自分にはリソースなんてひとつもないと思っていることも、すべては思い込みなのです。

リソースをひとつももっていない人なんていないのです。長所がひとつもない人なんていないのです。

そもそも長所は、長所があると思っている人だけに存在するのです。自信満々の人は自分のなかにたくさんの長所を見つけることができるでしょう。しかしかつての私のように自信をなくしている人間は、短所ばかりに焦点を当ててしまいます。

つまり、自分が長所だと思えば、それは長所なのです。自分のなかに存在する長所なのです。

では、長所があると思えない人、自分に自信がもてない人はどうするべきか。それをこれから説明していきましょう。

物事はフレームしだいで違って見える

実現させたい願望はある。でもそのためのお金がない――。

実現させたい願望はある。でもそのための時間がない――。

実現させたい願望はある。でもそのための能力がない――。

たとえばこのように、私たちは願望実現を阻む要因に苦しむときがあります。

しかし、どうでしょう？

本当にそれ（お金がないこと、時間がないこと、能力がないことなど）は、あなたの願望実現を阻んでいるのでしょうか。

仮に、あなたが願望を実現できないのは、願望実現のための準備時間がないからだと思っているとしましょう。

いまの自分に「空きの時間」はないかという見方で、自分の生活を振り返ると、とてもそんな時間はないように感じるかもしれません。

しかし「やらなくてもいいことをやっている時間」はないかという見方で振り返ってみる。テレビをダラダラと見ている時間、一日何回にも及ぶメールチェックの時間、昼食後の同僚とのおしゃべりタイムなど、けっこうあることに気づきませんか。仮にこれらのトータル時間が一日一時間だとすると、これらをやめるだけで平日だけで一週間に五時間もの時間を捻出することができます。
見方を変えるだけで、「案外時間はあるんだ」と思える。時間があると思えれば、願望実現のための行動をとりやすくなります。

このように、物事の見方、とらえ方を変えることを、NLPでは「リフレーム」といいます。

私たちのプログラムのなかには、願望実現を阻むようなものが多くありますが、それはリフレームによって取り除くことができるのです。

NLPでは、ものの見方のこと、物事を見る視点をフレーム（額）と呼びます。私たちが物事を見るときには、このフレームをかけて見てしまうのです。

たとえば、あなたの目の前に一体の女の子の人形があるとしましょう。あなたは手に絵の入っていない額をもっていて、その額のなかを見ているイメージをしてください。

その額を人形の正面にかければ、あなたは人形の正面しか見ることができません。横向きの人形や後ろ姿の人形は見られないのです。このように、フレームは物事のある一面しかとらえないのです。

前にも述べましたが、物事の意味や価値は無色透明です。しかし私たちは物事に意味や価値を見出す。その意味や価値を決めるのが、このフレームなのです。

次に、あなたは先ほど手にしていた額よりももっと大きな額をもっているとイメージしてください。そしてふたたび、先ほどの女の子の人形の正面に額をかけます。額はさっきよりも大きくなっているので、さらに広い範囲が額のなかに見えます。

そこには、女の子の人形だけでなく、横にゴミ集積所が見えたとしましょう。あなたは、女の子の人形がただそこにあったのではなく、ゴミ集積所に捨てられたものだとわかります。

女の子の人形だけを見ていたときと、ゴミ集積所とともに女の子の人形を見たときとでは、女の子の人形のとらえ方が変わったと思います。

女の子の人形だけを見ていたときには、単に「ああ、人形があるな」と思っただけかもしれません。「かわいい人形だな」「子どものころもっていた人形と似ているな」などと思う場合もあるでしょう。

次にゴミ集積所とともに女の子の人形を見た場合です。「捨てられちゃうのはかわいそう」「悲しそうな顔をしているように見える」などと見方が変わったはずです。

このように、同じ物事でもどのようにフレームを当てるかで、物事の意味や価値は変わってくるのです。

逆にいえば、**私たちは同じ物事でもフレームを変えることで、別の意味や価値を見出すことができるのです。**

たとえば、あなたが仕事で大きな失敗をしたとしましょう。失敗した一日というフレームで見れば最悪の出来事かもしれませんが、長い会社員生活というフレームで見れば「あの失敗があったからこそ、よいこともあった」と思えることは少なくありません。

あるいは、あなたの友だちが融通のきかない人だとしましょう。それで困ることもあるかもしれませんが、見方を変えれば融通のきかない人はまじめな人で、そのまじめさに救われることもあるはずです。

このようにフレームを変えると、物事の意味や価値が変わります。そして同時に気持ちも変わります。気持ちが変わると行動が変わります。

行動の積み重ねが願望を実現させます。また行動の積み重ねが私たちの人生をつくります。つまり、フレームの変化は私たちの人生に大きな影響を与えるのです。

願いをかなえる「アズ・イフ・フレーム」

自分には願望を実現させるための要素などひとつもないのではないか――。

もちろん願望はある。けれども、自分は願望を実現させることなどできないのではないか――。

こんなふうに思っている人にも有効な方法が「アズ・イフ・フレーム」です。

アズ・イフ・フレームとは、「もし願望がかなったら、自分はどうしたいか？」というフレームです。

「もしあなたの願望がかなったら、あなたはどうしたいですか？」

と自分で自分に問うのです。

そしてこの質問にまっすぐに向き合います。現在、あなたがその願望をとうていかなえられそうにないと思っていても、それは脇に置いておいて、「もし願望がかなったら」という視点（フレーム）に立ってみるのです。

たとえば、起業したいという願望があるなら、「もし起業したら、あなたはどうしたいですか？」と問う。英語をペラペラ話せるようになりたいという願望があるなら、「もし英語が話せるようになったら、どのように話したいですか？」と問うのです。

これが、実はあなたのプログラムを変える「魔法の質問」なのです。

では、この質問がプログラムをどうやって変えていくのか。そのプロセスを見ていきましょう。

たとえばあなたが「人前で上手に話せるようになりたい」と思っているとしましょう。

その場合、「もしあなたが一年間話し方教室に通って、上手に話せるようになったとしたら、そのときあなたは何をどのように話したいですか？」などと問うのです。

質問形式になっている点が、「アズ・イフ・フレーム」の第一のポイントです。

ここで、96ページで述べた脳の基本プログラム「空白の原則」について思い出してください。

脳には「わからない状態（空白）」を嫌うという性質があるのです、その結果、疑問が生じるとその答えを無意識に探しつづける。つまり、空白を埋めようとするのです。

そして、脳が答えを探しているとき、意識のみならず無意識も答えを出すために協力するといわれています。

と述べました。

つまり「もしあなたが二年間話し方教室に通って、上手に話せるようになったとしたら、あなたは何をどのように話したいですか？」という質問をすると、脳は自動的に答えを探しはじめるのです。

先ほど、「現在、あなたがその願望をとうていかなえられそうにないと思っていても、それは脇に置いておいて、『もし願望がかなったら』という視点に立ってみるのです」と述べましたが、実は脳は自動的に現在の状況は無視して考えてしまうものなのです。

第二のポイントは、この質問が未来について問うているところです。

「二年後はどうなっていると思いますか？」と問います。

すると二年後のことをあれこれ考える。意識は未来へ飛びます。

私たちは過去を生きてきて、現在に生き、未来へ向かうのですが、この過去・現在・未来のうちで、もっとも創造的なのは未来です。

未来だけはまだ何も決まっていない、あらゆる可能性のある、真っ白なキャンバスです。何を描いても自由だし、実際何だって描けます。現在の状況は脇に置いておいて、願望実現後のことを自由に発想できる。自由に未来を描ける。これは脳にとっては「快」です。

102ページで脳の基本プログラム「快・痛みの原則」について述べました。脳は「快」につながるような思考や行動をとるときに最大限に働いてくれるのです、と。

つまり、「もしあなたが二年間話し方教室に通って、上手に話せるようになったとしたら、あなたは何をどのように話したいですか？」という質問に対して、脳は

「快」を求めてフル活動するのです。

するとそこでの体験は、アソシエイト（実体験）気味になります。要するに、五感をフルに使った強いイメージトレーニングになるのです。

アソシエイトとは五感をフルに使った体験で、ディソシエイトとは外側から客観的に視覚のみを使って見る体験のことでした。

もし心地よい「快」を体験しようと思ったら、あなたは自然にアソシエイト気味になるはずなのです。なぜならあなたの無意識は快を求めているので、それを全身で、すべての感覚を使って受け取ろうとするからです。

たとえば感動的な映画を観たときのことを思い出してみてください。

自分好みの映画を観ているとき、あなたは頭で分析して観る（ディソシエイト）のではなく、思わず映画の世界にどっぷり浸かってしまっている（アソシエイト）のではないのでしょうか。

このアソシエイト、つまり五感をフルに使った強いイメージトレーニングをすると、プログラムができます。つまり、新しいセルフイメージができるのです。もちろん、ここでのイメージは二年後の架空の（想像上の）イメージにすぎません。し

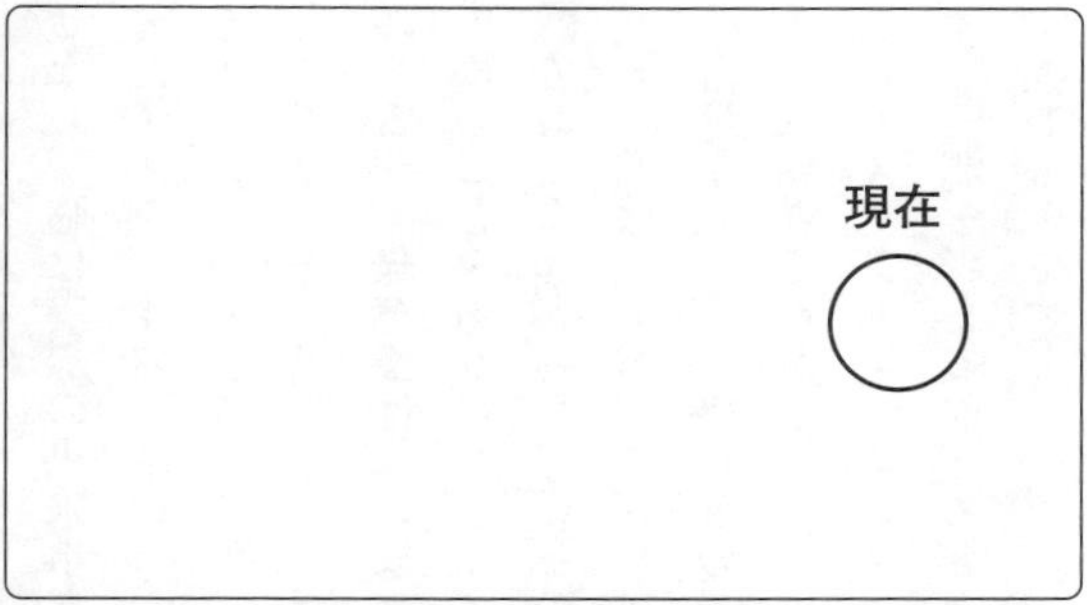

「やれない」「できない」という焦点（視点）のなかに
入り込んでいる

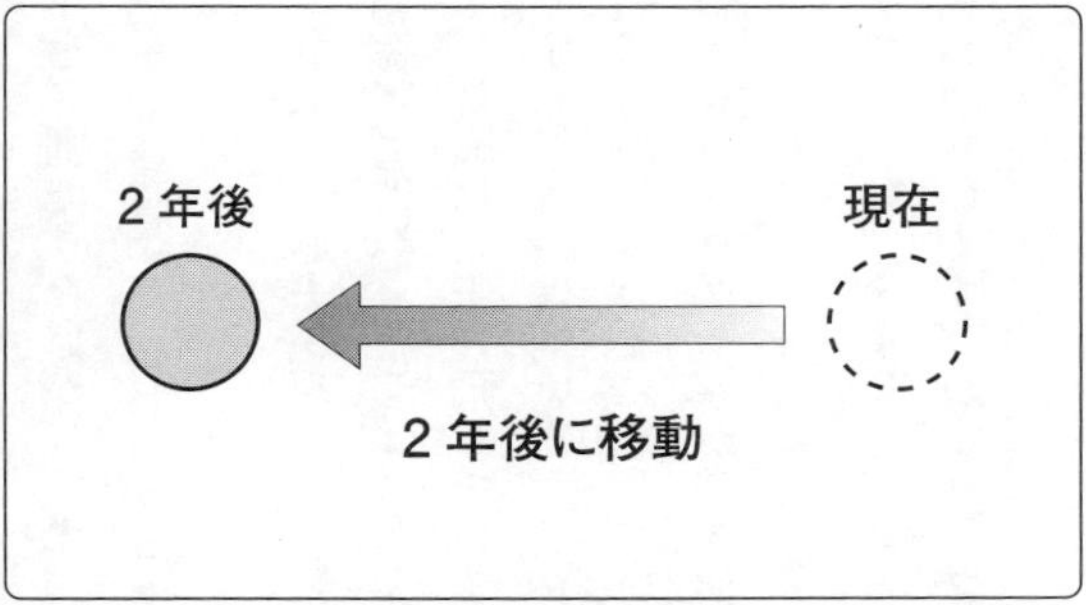

未来は真っ白なキャンバスなので自由に描き込める

かし、それでいいのです。

なぜなら、脳は実際の出来事と架空の出来事を区別できないからです。よって、どんどんイメージすると脳は「これが自分なのだ」と錯覚し、新しいプログラム（セルフイメージ）ができるのです。

一方、ここで思い出していただきたいのが、意識は「過去・現在・未来」「空間」を認識するが、**無意識は「いま」「ここ」しか認識しない**、ということです。

二年後のことをありありとイメージするとき、意識は未来に飛んでいます。しかし五感でありありと感じているのは「いま」です。無意識は「いま」しか認識しません。無意識は「ああ、これが自分なのだ。願望実現後のいまに感じているこの感覚が、自分なのだ」と感じるのです。131ページでプログラムが書き換えられたかどうかは感覚でわかる、と述べました。

するとイメージトレーニングが終わったあとでも、願望を実現している感覚が残ります。質問を考える前とあとでは感覚が変わっています。つまり、プログラムが書き換わるのです。

この「アズ・イフ・フレーム」で、もっとも重要なのは「なりきる」ことです。

何をどうしたいのかをイメージする際、意識は現在から離れて思いきり未来に行く。その未来で、**願望実現後の自分を深く体験するのです。**願望を実現した状態があたかも真実であるがごとく、五感をフルに使ってイメージするのです。その深い体験がプログラムを変えるのです。

彼女が見違えるように変わった理由

以前、私がコーチングをしていたころのことです。ある女性のコーチをしたことがありました。

この女性は、ご自身もコーチになりたいという気持ちをもっていましたが、その半面で、自分なんかにコーチが務まるはずがないのではないか、おこがましいのではないか、という思いも強くもっていました。

意識のうえではプロのコーチとして稼げるようになりたいという強い向上心をもちながら、無意識では激しい自己否定の感情をもち合わせていたわけです。

あるとき、私は彼女に次のように尋ねてみました。

「あなたのなかにある、コーチとして活《い》かせるすばらしいリソースは何でしょうか?」

するとしばらく考えて、

「そんなものは、ひとつもありません」

と答えたのです。

私の目から見れば、彼女のなかにはコーチングの才能がたくさんあるのがわかりましたので、そのよい部分を活かしていきたいと思ったのですが、彼女自身がかたくなに自分の才能を認めることを拒否しているのです。

それで、私は次のような宿題を与えることにしました。

「次のセッションまでに、プロのコーチとして活躍されている知り合いの方ふたりに会って、その方々にあなたのなかにあるすばらしい特質が何なのか、客観的に見てもらって教えてもらってください」

二週間後のセッションで顔を合わせたときに彼女は、ふたりのコーチに会って、それぞれから「あなたにはとてもすばらしいコーチとしての才能がある」といわれたことを報告してくれました。

そのうえで私は、前の質問をふたたび彼女に投げかけてみたのです。「あなたのなかにあるプロのコーチとしてのすばらしいリソースは何ですか?」と。

するとと彼女はまたしても、「そんなものはありません」と答えたのです。

自分自身が否定していたら、どれほどすばらしいリソースをもっていたとしても、それは実質的にはないのと同じです。

そこで私は一計を案じました。「アズ・イフ・フレーム」を使ってみることにしたのです。

「あなたは三年間、プロのコーチとして経験を積んできました。その姿をイメージしてみてください。すでに三年活動を続けてきて、たくさんの体験をしたあなたは、そのときどんなコーチングをだれに対して行っているのでしょうか」

そして、こうも付け加えました。

「宝くじにでも当たったつもりで、自由に三年後の未来に飛んでいって、楽しみながらイメージしてみてください」

すると、彼女の焦点は未来に移動しました。そして、「自分にはリソースなどひとつもない」という思い込みに縛られている現在の焦点から彼女を切り離したのです。なぜなら「焦点化の原則」をたびたびご紹介しましたが、意識は同時にふたつのことをとらえられないからです。つまり、未来に焦点を当てるということは、焦点が現在から切り離されることを意味するのです。

そして否定的な思い込みに縛られていた彼女は、焦点を未来に当てることによって、まだ決まっていない自由なキャンバスに思いどおりの願望を描くことができたのです。

そこで彼女がイメージしたのが、クライアントがすでに二十人もいるという光景でした。なかには経営者や経営コンサルタントといった、社会的に影響力のある人たちも含まれています。

そんなイメージを自由に語るうちに、彼女は、「影響力のある人たちに対してコーチングをしたい」と自分が思っていることに気がついたのです。なぜならば、影響力のある人が変われば、その背後にいる何百人という人を変えることにつながるからだというのです。

未来というのは、だれにとっても真っ白なキャンバスです。現在の自分に対して否定的な感情をもっていた彼女も、三年後という未来に行ったとき、自由にその情景を描くことができたのです。

そのように自由に楽しみながら描いた未来のなかで、「影響力のある人に対してコーチングを行っている」自分を体験することは、脳にとって〝快〟なので、脳は百二十パーセントの力を発揮して働きます。そして、脳が快の状態にあるときには、そのイメージの体験をアソシエイト、つまり五感を使ってフルに体験しようとするのです。こうして、五感を使った強烈なイメージトレーニングによって、プログラムを変えることができるのです。

脳が、実際の体験と架空の体験を区別できないことはすでに述べました。つまり、脳はイメージした三年後の姿を自分だと思い込み、プログラムを強烈に刻印しなおすのです。

コーチをめざしていたその女性は、そのセッションを経てから打って変わって元気に活動するようになり、それから実際に、名の知れたコーチに育っていきました。

「治ったら何がしたい？」は最高の特効薬

「アズ・イフ・フレーム」がいかに優れているかを示す、別の事例を紹介しましょう。

あるNLPのトレーナーが、医療現場でNLPを活かすために、ドイツの医療スタッフにNLPのトレーニングをしていました。

その病院に、あるガン患者の方がいました。男性で年齢は七十歳すぎです。本人は自分がガンであることを知っていましたが、年齢的にも完治はしないだろうとあきらめていました。

ガンにかかったとき、ガンとどう向き合うかは人それぞれですが、ガンを治したいと思う人は、普通「ガンをいかに克服するか」と考えるでしょう。医師や看護師も「一緒にガンを克服すべく努力しましょう」などというでしょう。しかし、NLPの考え方でいけば、それはガンや「ガンと闘っている自分」をイメージしてしまい、かえって逆効果になってしまいます。

そこで彼は、その患者に次のように質問したのです。

「もしあなたのガンが治ったら、あなたは何をしたいですか？」

その男性にとっては、それまで考えたこともない質問でした。

彼は、質問されてはじめて考えたのです。ガンが治ったら何をしようか、と。

そして「孫と一緒にフランスへ行き、フランス料理を食べたい。孫にパリを案内してあげたい」と切り出しました。さらに次々と、あれもやりたい、これもやりたいということが出てきたのです。夢中になって何十分も話しつづけました。

彼の意識は完全に未来に飛び、そこでガンを克服した自分を体験したのです。彼の無意識は「ガンが治っている自分がいまの自分だ」と錯覚します。

するとどうなったか。

余命幾ばくもないといわれていたその男性のガンは、数か月後にすっかりよくなってしまったのです。そして退院していきました。

もうひとつ事例を紹介します。

この話を、私はNLPのセミナーで受講生の方に語ったことがありました。その受講生のひとりに看護師をしている高木光恵さんという女性がいたのです。彼女はこの話にすっかり感銘を受けて、自分が勤務している病院でも実践してみたのです。

患者さんのひとりに、足が悪くて七年間立っていないという男性がいました。たまたま彼と話をすると、彼は「昔は立てたのだ」といいます。そこで彼女は聞いたのだそうです。「もし立てるようになったら、何がしたい？」と。するとその患者さんはうれしそうに話し出しました。そして奇跡が起きました。

翌日、その患者さんは自らリハビリセンターに行ったのだそうです。ところがすぐにはリハビリはさせてもらえない。リハビリは計画的に進めないと、かえって患者さんが自信を失ってしまう場合もあるので、場当たり的にはやらせてもらえないのだそうです。

でもその患者さんは、どうしてもリハビリをしたいと思いました。そして看護師である彼女に、リハビリをやらせてもらえるよう一緒にお願いしてほしいと頼んできたのだそうです。

そしてリハビリをしているうちに、みるみる元気になり、なんと数週間後には立てるようになってしまった。**そして二か月後には元気に退院していったというのです。**

「アズ・イフ・フレーム」のパワー、そして無意識（潜在意識）のパワーを感じるとともに、いかに私たちが「思い込み」に人生を支配されているかを感じる事例といえます。

私をどん底から救ってくれたもの

所持金二百円で借金五百万円。実はこれが私のセミナートレーナーとしてのスタートでした。

経営コンサルタント会社に入社してすぐは失敗ばかり、その後、一転してトップセールスパーソンとなったことはすでに述べました。一度はどん底から抜け出したのです。

しかし、実はこれ以降にもふたたび「どん底時代」がありました。

経営コンサルタント会社でトップセールスパーソンとなってから、私はその会社に五年間勤めました。営業成績も高いままキープしていたし、社内の待遇もよかったのですが、私は心の奥でずっと「私がやるべき仕事はほかにある」と思っていました。そしてその会社を辞めたのです。

その後は、神奈川県にある塾に勤務しながら、能力開発の勉強に力を入れました。

能力開発の勉強は、セミナーへの参加、教材の購入などでかなりの費用がかかります。当時、私は能力開発の勉強に惜しみなく投資しました。

といっても、普通のサラリーマンです。それまでも惜しみなく自己投資してきたせいか、預金はほとんどありませんでした。ひとり暮らしで家賃も食費もかかります。毎月余分なお金など残りません。では、勉強の費用をどうやって調達したかというと、消費者金融からの借金でした。

当時の友だちのひとりに、消費者金融からしょっちゅうお金を借りている人がいました。彼と一緒にいるとき、彼がひょいっと消費者金融のATMがある建物に入るのです。そして、ササッとお金を借りてくる。それを見て、「お金って、こんなに簡単に借りられるんだ」と思ってしまったのです。

そして私も真似をしました。律義に返せば、金利はそれほどかからないことを知りました。借りても、律義にきちんと返すことをくり返し、お金を調達したのです。

するとどうなるか。

消費者金融からの信頼を得て、私の「融資限度額」はどんどん高くなりました。そして、それに合わせて私はどんどんお金を借りるようになりました。

もう結果はおわかりですね。気づけば、借金の山です。消費者金融にお金を返すために、さらに別の消費者金融からお金を借りるという多重債務状態に陥り、借金の額は五百万円以上になりました。給料だけではとても返せません。生活費も足りません。

仕事もあまりうまくいかず、どうにもこうにも身動きがとれない状態になって兵庫県の実家に帰ることにしました。生きていくためには、それしか選択肢が残されていなかったのです。

ところが、実家に帰るためのお金がありませんでした。友人たちから少しずつお金を借りてやっと新幹線代を工面しました。必要最低限のものをカバンに詰めて新横浜駅に向かい、切符を買いました。手元に残ったのは二千円だけでした。私は当時からコンタクトレンズをしていたのですが、その洗浄液を買うと、所持金はたったの二百円になってしまったのです。

こんなどうしようもない状況だったのですが、私はこう考えました。

これから一年間だけ、本当に自分のやりたいことをやろう――。

そのとき、私は三十四歳でした。社会に出て、憧れの東京に来て十年もの年月がたっていました。しかし振り返ると、それまでの自分はまったく自分らしくなかった。自分の人生を生きたという実感がなかったのです。

そのやりたいこととは、最初に勤めた会社で体験した劇的な変化の体験を伝えること。その体験談を通じて、人間にはだれにでもすごい力があるということを伝えること。かつての自分のように、否定的なレッテルを自分に貼って身動きがとれなくなっているような人に希望を伝えたい。坂本龍馬のように劣等生の希望の星になりたい、ということでした。

この時期、私は第5章に掲載している「チェインプロセス」などの「アズ・イフ・フレーム」を使ったワークを自分でも実践していました。このとき目標達成までの途中段階のイメージで、私は「セミナーや講演を主催するプロモーターが目の前に現れる」というビジュアルを見ていました。また、本を出版している自分の姿もイメージしていました。

何の根拠もなかったのですが、そういうイメージが湧いてきました。

すると、本当にプロモーターが現れたのです。

以前から知っていたプロモーターの方だったのですが、実家に帰って間もなく、偶然出会いました。

「これからどうするの?」

彼が聞いてきました。

気づけば「能力開発のセミナーや講演をやりたいと思っているんです」と答えていました。

すると、彼が「NLPって何かおもしろそうだな」といってきたのです。

当時はいまほどNLPは広く認知されていませんでした。

「目新しくていいんじゃない? やってみない?」

彼がいったのです。

ものすごいチャンスでした。ところが当時の私は、それをチャンスとは受け止められませんでした。

実は、私は人前で話すのが怖くて仕方なかったのです。二、三人の人を前にして話すのはなんとかなります。しかし、それ以上になると緊張してしまい、自分の思うように話をすることができなかったのです。

大きなチャンスを目の前にして、ものすごく大きな不安を感じていました。

でも断るわけにはいかない事情がありました。怖くてもやらざるを得ない事情がありました。それは五百万円の借金です。利子だけで毎月十万円以上返さなければならなかったのです。

毎日毎日、「今日こそ自己破産か」という状況でした。その状況を少しでも改善するためなら、どんなことだってやらざるを得ない。

そして、引き受けたのです。

セミナー当日、集まってくれた受講生の方は合計五人でした。緊張して手が震え、その震えはなかなかとまりませんでした。受講生の方に悟られるのが嫌で、私は震えた手をポケットに入れたままセミナーを行いました。

ところが、意外にもこのセミナーが好評を得たのです。「次もお願いします」というオファーが舞い込みました。

何度かセミナーを続けるうちに、「ああ、私も人前で話すことができ、私の話を熱心に聴いてくれる人がいるのだ」と思えるようになったのです。私のプログラム（思い込み）が変わったのです。

このときを境に、次々とセミナーのオファーがくるようになりました。「人にはだれにでもすごい力がある。やり方しだいでは、本当にその力を発揮することができるのだ」というメッセージを伝える活動を堂々とできるようになりました。

あとから振り返ってみて思うのです。

どん底だったからこそ、私は変われたのだ、と。

あのときの私は、五百万円という借金を前にして、何でもやらざるを得なかったのです。やるしか選択肢はなかったのです。逃げる道はなかったのです。でも、だからこそできた。

仮に、「セミナーをやってみない？」といわれたとき、多額の借金を抱えるという切羽詰まった状況でなかったら、私はおそらくいろいろないい訳をして逃げていたでしょう。実行を先送りにしていたでしょう。

でもやらざるを得ない状況だったから、切羽詰まった状況だったからこそできた。どん底だったからこそ、できたのです。

「アズ・イフ・フレーム」は、自分はいまどん底にいるという人でも使えて、効果を期待できる手法です。もし、あなたがいまどん底にいると感じているとしたら、それはより一層の効果を期待できるチャンスのとき、と考えることもできるのです。

第5章

実践！「体感イメージ」のワーク

ワクワクがすばらしい未来を引き寄せる

「アズ・イフ・フレーム」という名前がつくと、何か特別なことのように感じてしまうかもしれません。

しかし実は、**私たちはふだんから、このアズ・イフ・フレームを使った思考パターンを行っていることが少なくないのです。**

たとえば、あなたが夏休みに海外旅行を計画したとしましょう。

「夏休みに海外旅行をしよう」と決めたときから、あなたは折に触れて旅行のことを考えますね。

まずは旅行の日程を決めます。同時にガイドブックを買ったり、旅行代理店に行くなどして旅のプランをあれこれと考えます。

世界遺産をめぐって、有名レストランで食事して、お土産《みやげ》はあれとあれを買おう、などと考えます。

これはつまり、「もし旅行が実現したら、何をしたい？」という自分への問いかけの結果なのです。

しかし、私たちは常にこの思考パターンをしているわけではありません。むしろ逆の場合が多い。

「もしうまくいかなかったら、どうしよう?」という思考パターンをとることが少なくないのです。

仮にあなたが、一週間後に数人の上司たちの前で新しい企画のプレゼンテーションをしなければならないとしましょう。

その企画はあなたの苦手な分野、上司たちは気むずかしい人たちばかりだとします。しかもあなたは人前で話すのが苦手。

こんなとき、おそらくあなたはプレゼンテーションの当日までに、何度も何度もプレゼンテーションのことについて考えますね。

「ああ、嫌だな、気が重いな」と思います。ほかの仕事が忙しくてプレゼンテーションの準備の時間が十分にとれないと、「ああ、間に合わない。準備ができない」と焦ります。「こんなんじゃ、絶対プレゼンはうまくいかない」と。

そして「うまくできなかったら、直属の上司はどんな顔をするだろう、あとでどんなふうに叱られるだろう」とプレゼンテーションの先のことまで考えます。

会社を出て、家に着いてからも考えるでしょう。食事をしながら、お風呂に入りながら、布団に入りながら、ふとした瞬間に思い出し、「ああ、嫌だな」と思う……。

「もし実現したら、何をしようか」という思考パターンと、「うまくいかなかったら、どうしよう」という思考パターンのどちらがよい結果を生み出すかはいうまでもありません。

当然、前者のパターンです。

そして、本章で紹介する、私のセミナーで受講生に実践してもらっている「チェインプロセス」のワークは、このよい思考パターンを意識的に行っているものにすぎないのです。

では、よい思考パターンがよい結果を生む過程を見ていきましょう。

ふたたび旅行の計画の例で考えてみます。

旅行の計画が決まると、旅行の内容のみならず、その旅行が実現するまでのことも考えますね。

今度の日曜日には、スーツケースと洋服を買いにいこう、翌週の土曜日には旅行代理店に旅行代金を支払いにいこう、などと予定を立てます。

仕事が終わったあとはもちろん、ときには仕事をしているときにも旅行について考える。

このとき、私たちの意識は未来に行きます。未来に生き、未来を体験するのです。といっても自分が実際に生きているのは現在です。無意識は「いま」にとどまっています。

旅行が実現するまでに、私たちは折に触れて旅行について考えます。つまり、折に触れて意識は未来を生きる。

この体験が脳に錯覚を起こします。

すべてを現実だとしか認識しない無意識は「ああ、これが自分なのだ」と思う。未来に生きている自分をいまの自分だと思う。そしてその「いま」の自分を実現させるのです。

たいてい、その旅はあなたがイメージしていたとおりの展開になります。もちろん旅先での思いがけないハプニングや予想外のことも起きるでしょうが、そこで得る感覚はイメージどおり。楽しい旅になるはずと思っている人は、ハプニングも予想外のことも楽しかったと感じることができるのです。

私たちは、この思考パターンをふだんは無意識に行っています。よいパターンも悪いパターンも無意識にしてしまっているのです。

そこで、このよい思考パターンを意識的に行って願望実現のプログラムをつくるのが、**アズ・イフ・フレームを使った「チェインプロセス」というワークです。**

NLPには、理論を実践するために、からだを動かして行うワークがいくつもあります。

私が主催している「願望実現セミナー」で、受講生の方に実践していただいているもののひとつが、「チェインプロセス」です。

このワークは、簡単にいうと、まず最初に自分の願望・目標を設定します。そして、その目標達成にいたる途中段階と目標達成後のイメージをしてもらうものです。

「チェインプロセス」のワークの具体的手順を、ここにまとめてご紹介しますので、あなたもぜひ、手順に従って、意識的によい思考パターンを行ってみてください。よい思考パターンのクセがつくと、よい結果も自然についてきます。

なお、ワーク終了後には、ワークでイメージされたキーワードをもとに「私の物語」と題する文章を書きます。そしてその物語を夜寝る前に百日間読みつづけます。この方法は、石川大雅先生にご教授いただいたものを本書でも活用させていただきました。この場を借りてお礼申し上げます。

願望実現のワーク――「チェインプロセス」

実際に行う前の注意と心がまえ

◎この「チェインプロセス」は、五つのポジションを移動して体験するだけの、きわめてシンプルなワークです。

◎このワークは以下のような効果があります。

1. 願望実現
2. セルフイメージの向上
3. ビリーフ・チェンジ（思い込みをはずす）

◎このワークには、本書でご紹介した願望実現のスキルが随所に反映されています。このワークを実際に行うことにより、この本の大半のスキルを体験できるようになっていますので、くり返しトレーニングしてみてください。頭で知ることではなく、体験（実践）が変化をつくりだすのです。まわりにNLPのワークなどを体験した知り合いがいたら、手はじめにガイドしてもらうのもいいでしょう。

◎まず、このワークを実際に行う前に、後半の「各手順についての注意点」を含め、ワークの手順を、しっかりと理解できるまで何回もお読みください。理解できていない箇所があれば、そのスキルをご紹介した本文のページ数を記しましたので、再度読み込んで復習していただきたいのです。地道な作業ですが、このくり返しによって理解が定着します。

◎これまでもたびたびお伝えしてきましたが、プログラムは「インパクト（強烈な体験）」と「くり返し」によってできます。このワークは、手順のとおりに行うだけで相当回数の「くり返し」を体験できるようになっています。「インパクト（強烈な体験）」は「五感（V・A・K）」を総動員することによって、つくりだすことができます。できるかぎりアソシエイトするように心がけてください。

ワークの手順

1.「アウトカム（目標）」を設定する。

まず望ましいアウトカム（目標）を設定します。あなたの「なりたい状態」を文章化してください。

2.「アウトカム（目標）」に対しての「現状」を体験する。

2、3メートル前方に歩ける広さの場所を見つけて、そこに立ちます。そして、その場所にタイムラインをイメージしてください。タイムラインとは、時間の流れを象徴する線。目の前に未来につながるまっすぐなラインがあると思ってください。

いま立っているところが「現状」です。3歩歩いた先に、あなたの理想とする「アウトカム」があります。

まず現在の場所に立ち、目を閉じて「内的体験」のなかにできるだけ深く入ります。そして、あなたが立てたアウトカム（目標）に対しての「現状」を「アソシエイト（実体験）」し、「五感（V・A・K）」を総動員して体験します。

次のように自分に問いかけてください。

◎いま、何が見えますか？（V）

◎いま、何か聞こえますか？（A）

◎いま、何をからだで感じますか？（K）

1.

2.

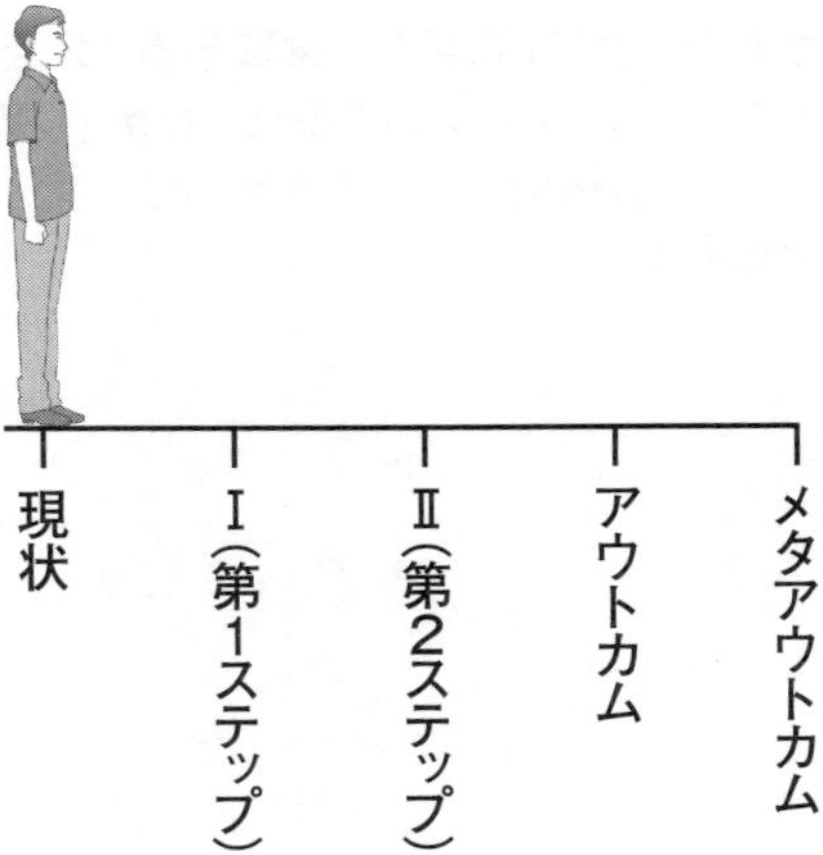

3．未来において「アウトカム（目標)」を達成した自分を、アズ・イフ・フレームを使って体験する。

次に、タイムラインに沿って未来に向かって3歩歩き、アウトカム（目標）を達成した位置に立ちます。そして「アズ・イフ・フレーム」を使ってアウトカム（目標）を達成した自分になりきって、「アソシエイト（実体験)」し、「五感（V・A・K)」を総動員して体験してください。

◎いま、何が見えますか？（V）
◎いま、何か聞こえますか？（A）
◎いま、何をからだで感じますか？（K）
（以降、すべてこの3つの質問をしていきます）

4．ふたたび「現状」に戻り、体験する（2回目の現状)。

ふたたびタイムラインの「現状」に戻り、現状を「アソシエイト（実体験)」し「五感（V・A・K)」を総動員して体験します。

3.

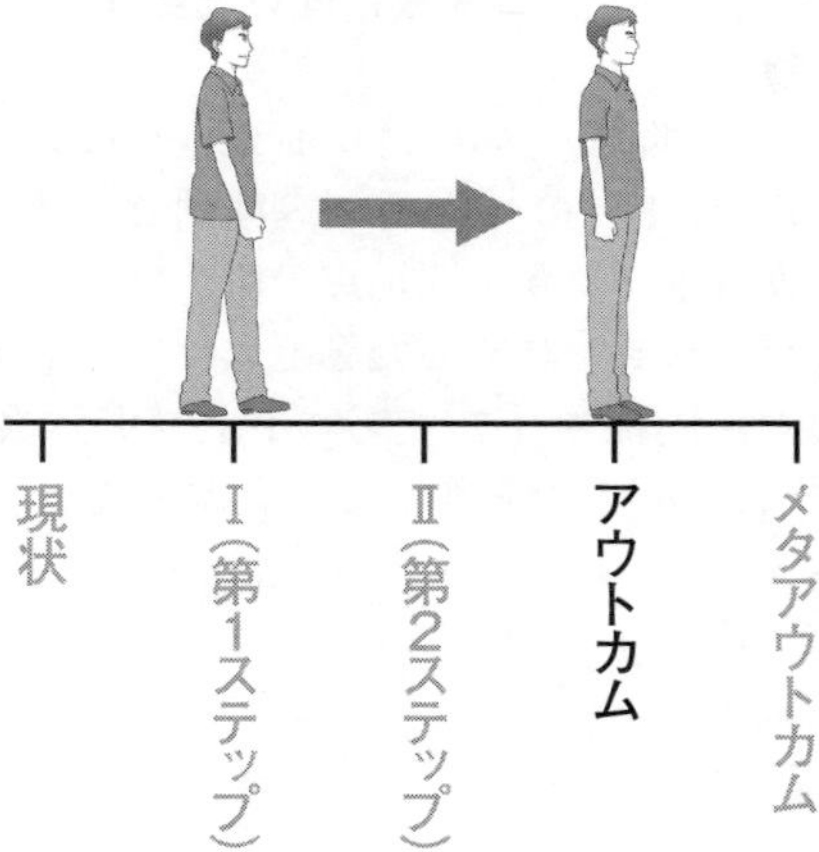
現状
Ⅰ（第1ステップ）
Ⅱ（第2ステップ）
アウトカム
メタアウトカム

4.

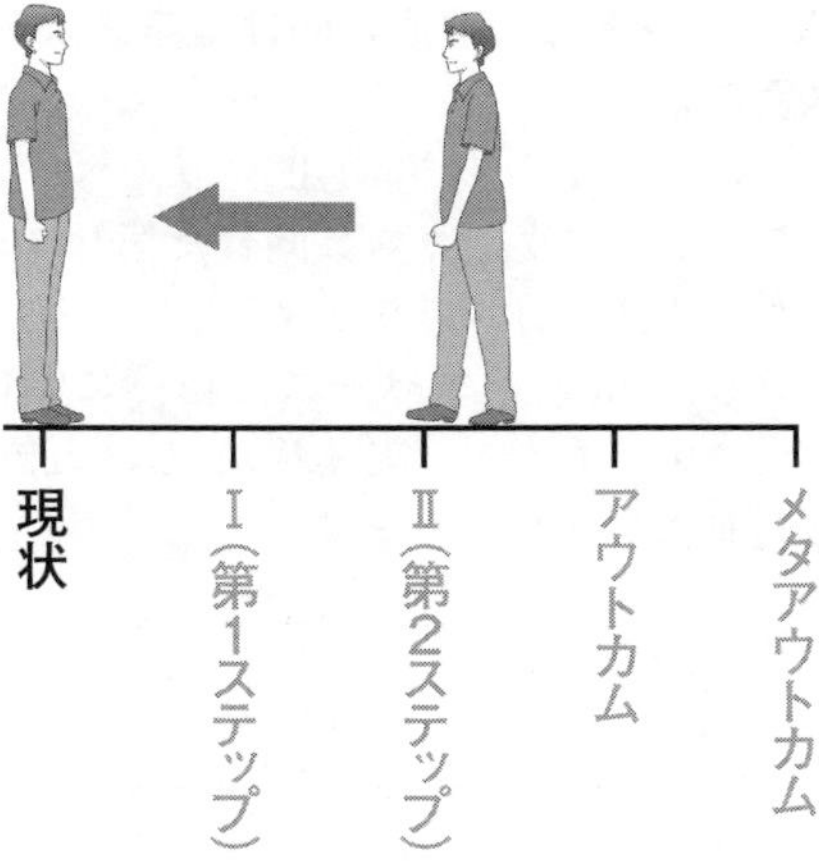
現状
Ⅰ（第1ステップ）
Ⅱ（第2ステップ）
アウトカム
メタアウトカム

5.「Ⅰ（アウトカム達成に向けた第1ステップ）」を体験する。

そして、「現状」からアウトカムに向かって、1歩だけ進み、「Ⅰ」のスペースへ移動します。ここは、アウトカムへ向かう中間地点の第1ステップです。

このポジションに立ったときに、自然に頭に浮かんだ場面を、同様に「アソシエイト（実体験）」し「五感（V・A・K）」を総動員して体験します。

6.「Ⅱ（アウトカム達成に向けた第2ステップ）」を体験する。

次に、さらに1歩歩き、「Ⅱ」のスペースへ移動します。ここは、アウトカムに向けた第2ステップです。アウトカムは目の前にあります。

ここでも、「Ⅱ」のスペースで自然に頭に浮かんだ場所を「アソシエイト（実体験）」し「五感（V・A・K）」を総動員して体験します。

5.

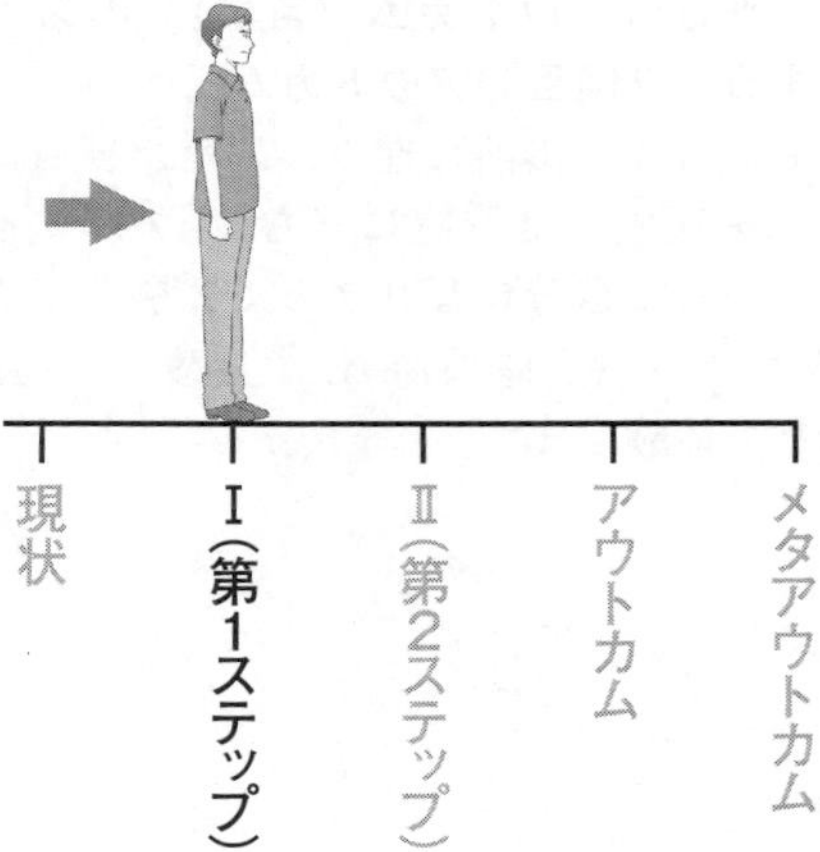

現状
Ⅰ（第1ステップ）
Ⅱ（第2ステップ）
アウトカム
メタアウトカム

6.

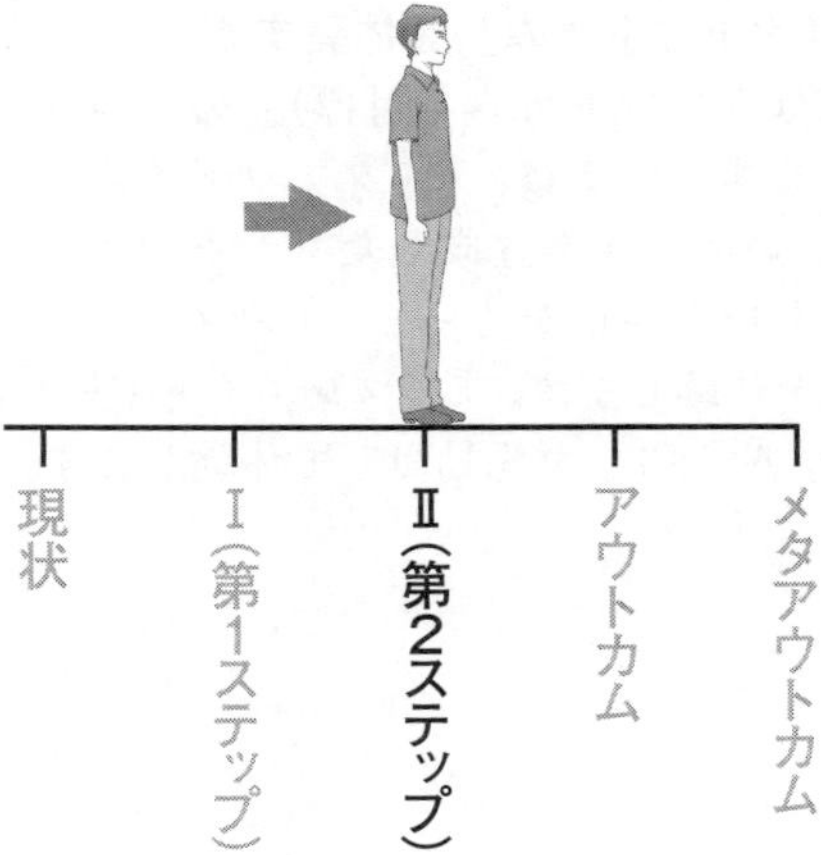

現状
Ⅰ（第1ステップ）
Ⅱ（第2ステップ）
アウトカム
メタアウトカム

7．ふたたび「アウトカム（目標）」のスペースを体験する（2回目のアウトカム）。

そして、もう1歩前に進み、ふたたび「アウトカム（目標）」を達成した位置に立ち、「アズ・イフ・フレーム」を使って自分になりきって体験してください。「アソシエイト（実体験）」し「五感（V・A・K）」を総動員して体験します。

8．「メタアウトカム」を体験する。

今度は「アウトカム（目標）」の位置からさらに1歩進みます。ここは、「メタアウトカム」の位置です。「望ましいゴールを達成したら、その先はどうなるのか？」という空白をもって、「メタアウトカム」のスペースを体験します。「アソシエイト（実体験）」し「五感（V・A・K）」を総動員して体験します。

7.

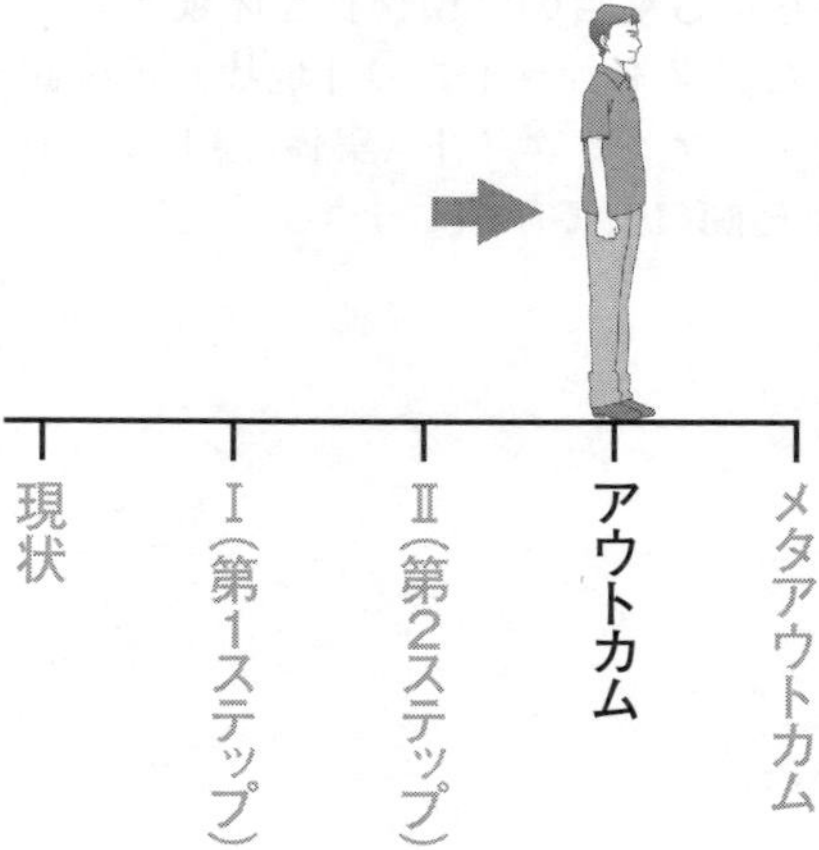
現状
Ⅰ（第1ステップ）
Ⅱ（第2ステップ）
アウトカム
メタアウトカム

8.

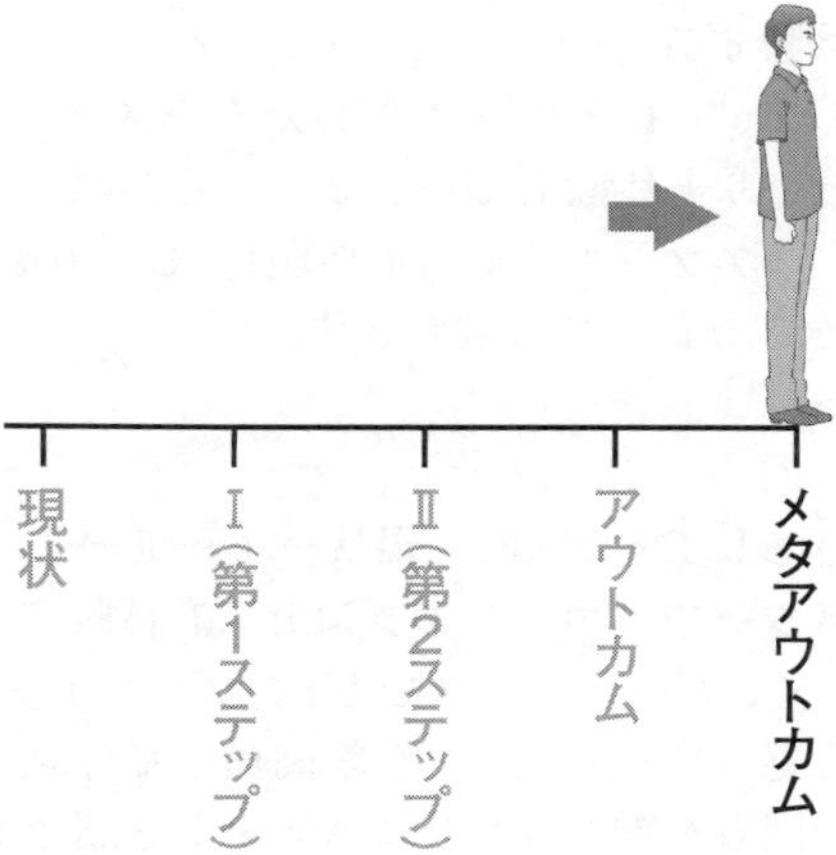
現状
Ⅰ（第1ステップ）
Ⅱ（第2ステップ）
アウトカム
メタアウトカム

9．さらに3度目の「現状」を体験する。

ふたたびタイムラインの「現状」の位置まで戻り、「現状」を「アソシエイト（実体験）」し「五感（V・A・K）」を総動員して体験します。

10．「Ⅰ→Ⅱ→アウトカム→メタアウトカム」を再度体験する。

そして、「Ⅰ→Ⅱ→アウトカム→メタアウトカム」とゆっくりと体験していきます。その際、どのステップでも「アソシエイト（実体験）」し「五感（V・A・K）」を総動員して体験します。

11．さらに2～3回、「現状→Ⅰ→Ⅱ→アウトカム→メタアウトカム」のプロセスを体験する。

同じく、どのステップでも「アソシエイト（実体験）」し「五感（V・A・K）」を総動員して体験します。その際、回数を重ねるたびにスピードを速めて行います。

9.

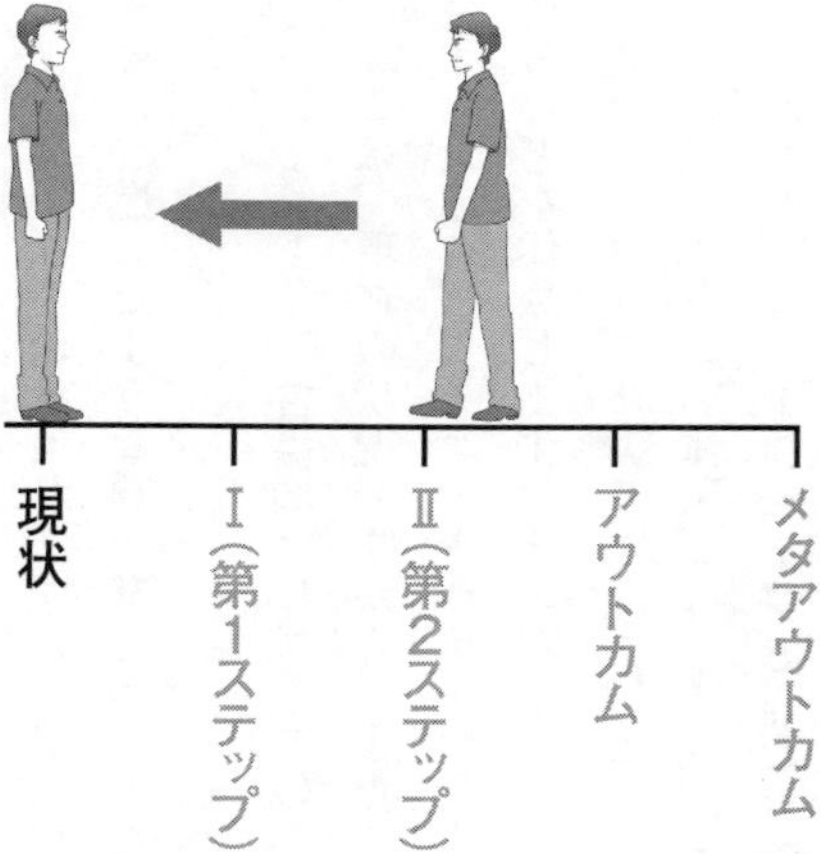
現状
Ⅰ（第1ステップ）
Ⅱ（第2ステップ）
アウトカム
メタアウトカム

10.

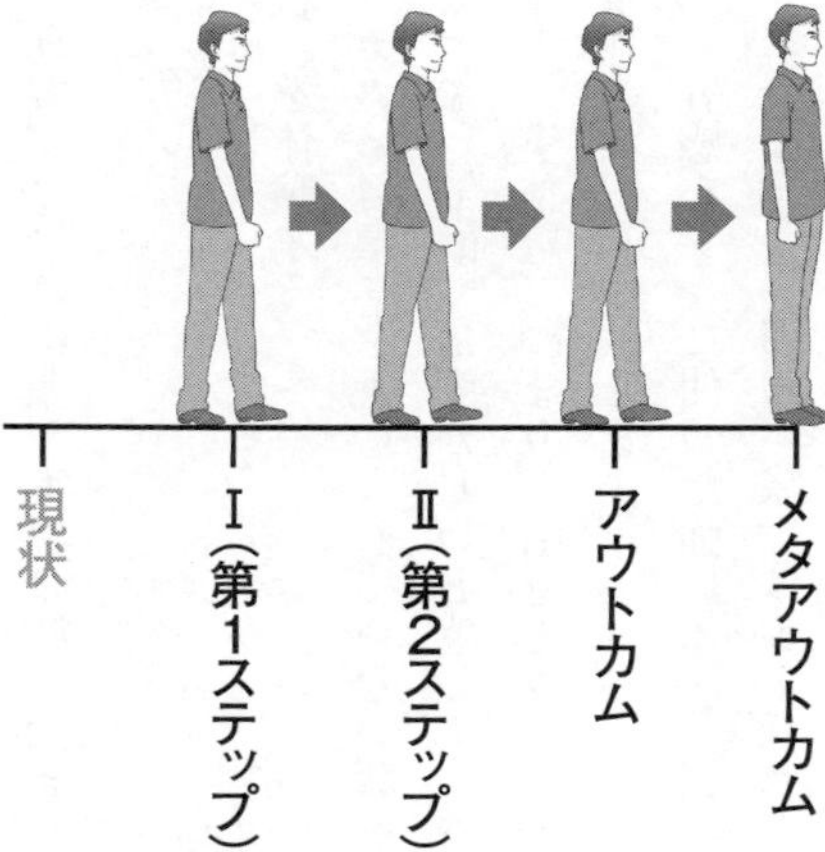
現状
Ⅰ（第1ステップ）
Ⅱ（第2ステップ）
アウトカム
メタアウトカム

各手順についての注意点

1.「アウトカム（目標）」を設定する。
アウトカムを設定するときは、「なりたい状態」をとても強く思い描いてください。211ページでお伝えしますが、最初は強い動機がなければ願望実現の旅は始まりません。燃えるような願望をもってください。

2.「アウトカム（目標）」に対しての「現状」を体験する。
ここは、現在の状況ですから、まだアウトカム（目標）を手に入れていない状況です。たとえばダイエットがテーマなら、太っていて醜くはずかしいと感じている自分などを体験します。その際、アソシエイト（実体験）つまり「五感をフルに使った強いイメージトレーニング」を使って現在の状況を体験します。

「アソシエイト（実体験）」は118ページ、「五感をフルに使った強いイメージトレーニング」は113ページで詳しく解説しています。「内的体験」は110ページにあります。この段階は、多くの人にとっては理想にはほど遠い状態ですので、辛《つら》いと感じる人も多いでしょうが、気にせず続けてください。

3．未来において「アウトカム（目標）」を達成した自分を、アズ・イフ・フレームを使って体験する。

このステップでは154ページで詳しく解説した「アズ・イフ・フレーム」を使います。実際に実現できるかどうかではなく、「もし、その状態が手に入ったとしたら」という視点で大胆に楽しんでイメージしてください。そして深くアソシエイト（実体験）します。深く体験できたかどうかは、感覚の変化で確認します（136ページ）。このステップはプログラムをつくるつもりで、じっくり体験してください（4～5分程度）。

4．ふたたび「現状」に戻り、体験する（二回目の現状）。

ここではふたたび「現状」を体験しますが、多くの方は2．で体験した「現状」の体験とは違った体験をするでしょう。なぜなら、3．で深くアウトカムを体験した人は「アズ・イフ・フレーム」を使って理想の未来を体験し、セルフイメージが多かれ少なかれ変わっているからです（プログラムの変化）。「アズ・イフ・フレーム」によるプログラムの変化は154ページで詳しくご紹介しました。よって、「現状」も気にならなくなりはじめるでしょう。

5.「Ⅰ（アウトカム達成に向けた第1ステップ）」を体験する。

ここでのポイントは、できるだけ力を抜いて頭を空っぽにし、何も考えずにこのスペースに入ることです。そして、このスペースでどんな体験するのだろうか？と空白をつくってください。「空白の原則」は96ページでご紹介しています。

なぜなら、3.のステップで「アズ・イフ・フレーム」を使って新たなプログラム（アウトカム達成のイメージ）をインストールしたので、この段階で無意識（潜在意識）は、どんな手順でアウトカムが達成していくかのプロセスを知っているからです（無意識は優秀なのです）。

ですから、頭（意識）で考えることなく、このスペースに入ってほしいのです。ほとんどの場合、頭（意識）で考えるよりもずっと効果的な方法が、そのスペースに入ったら自然に浮かんできます。

6.「Ⅱ（アウトカム達成に向けた第2ステップ）」を体験する。

ここも「I」のステップと同じようにできるだけ力を抜いて、頭を空っぽにして(何も考えずに)このスペースに入ってください。そして、自然にイメージが浮かんでくるのを待ちます。

7．ふたたび「アウトカム(目標)」のスペースを体験する(二回目のアウトカム)。

ここではふたたびアウトカムを体験しますが、多くの方は3．で体験した「アウトカム」の体験よりもなじみのあるものになっているでしょう。なぜなら、一回目に体験したときは、初めてだったので新鮮で強烈に感じられたり、また、うまくイメージしようと思って力が入っていたりするでしょうが、二回目は、一回目よりは慣れているので、余裕があります。また、慣れているのでより自然に感じられるでしょう。これは、よりできて当然という意識に近づいたことを意味します。

28ページで、強く願いすぎると願望はかないにくいとお伝えしました。134ページでは自然で当然だと感じられるものが実現すると述べました。そして、211ページでは、最初は強く願うことから始めるが、そのあとはクールダウンして自然で当然という状態をつくることの重要性を述べます。

その際、クールダウンするためには、「くり返しの体験」が必要です。この二回目のアウトカムの体験は、くり返しによるクールダウンを体験するのが目的です。多くの人は、一回目よりも自然に感じられるでしょう。

8.「メタアウトカム」を体験する。

「メタアウトカム」の重要性については135ページで解説しました。「アウトカム(目標)」の先をめざすことによって、本来の目標のハードルを下げ、心理的に容易に達成できるという感覚を強化するのです。このステップでも「I」「II」のステップと同じように、できるだけ力を抜いて、頭を空っぽにして(何も考えずに)このスペースに入ってください。そして、自然にイメージが浮かんでくるのを待ちます。

9.～11.「現状↓I↓II↓アウトカム↓メタアウトカム」をくり返す。

この段階のいずれのポイントも「くり返し」によるクールダウンです。くり返す回数が多ければ多いほど「できて当然」という意識に近づきます。

ワーク終了後の作業

1．ワークのなかで浮かんだイメージをキーワードとして、できるだけたくさん書き出してください。

2．そのキーワードを使って、A4の紙1～2枚程度の「あなたの物語」をつくります。願望を実現しているあなたの物語を書くのです。その物語は現在形、または現在進行形で書いてください。目標設定は現在形か現在進行形にしたほうが無意識（潜在意識）に響くのです。すべて現在形、現在進行形なので日本語の文章的にはおかしな表現になるかもしれませんが、それでかまいません。

3．その物語を夜寝る前に必ず読みます。それを100日間続けます。

4．ここまで実行できたらこの物語のことは忘れてください。忘れることによって完全に無意識化されます。

5．1年後にもう1度その物語を読んでみてください。あなたに変化が起きていることに気づくでしょう。

イメージで見たシーンが次々と現実に

「チェインプロセス」を実行し、願望を実現しつつある受講生の方の例を紹介したいと思います。この受講生の方は、四十代の男性です。

彼は「チェインプロセス」のワークで、「コンサルタントとして独立する」という目標を掲げました。

目標達成までのステップをイメージする段階で、まずひとつめに彼が見たのは、「時計台があるような少し古びた講堂で、多くの人を前に講演をしている」イメージでした。講堂のまわりには木が生えていてレトロな雰囲気だったといいます。

二番めに見えたのは、ぼんやりとしたイメージでしたが、おそらく飛行機に乗って雲のなかを飛んでいる場面だったといいます。読書灯をつけて自分が書いた書類か本を読んでいるというものでした。

三番めに見えたのは、教会のような形をした講堂のなかで行われている、子どもたちの卒業式のような場面でした。子どもたちはみな同じような帽子をつけ、マントを着ていたといいます。その子どもたちの前で、彼は何か話していました。とても感傷的で、うれしいような気持ちで話していて、子どもたちもニコニコしながら聞いていたといいます。（先ほどご紹介したワークの手順では、目標達成までのステップのイメージは、第二段階までとしてあります。この受講生の方が受けたセミナーでは、第三段階までイメージしてもらいました。しっかり行えば第二段階までで十分効果は期待できます）

そして彼は次のような「私の物語」を書きました。

出版社の人から連絡があり、私の本の出版が決まっています。私はその本の原稿を書いています。

次に、講堂で多くの人たちを前に講演をしています。対象は若い人たちです。私がこれまで悩んだことや学んだことを体系的にまとめて、伝えています。

私は自分の夢を実現するためには三つの必要な要素があると思っています。ひとつは心理的なアプローチ。自立してやりたいことをするための基礎となるメンタリティです。ふたつめは、お金に関してのアプローチ。やりたいことをしながら経済的に困らないようにするためにはどうすればいいかを学ばなければなりません。三つめは実務的なアプローチ。夢をかなえるためには、スキルを磨く必要があります。これらのことをカリキュラムとしてブレイクダウンして、小学生、中学生に伝えています。体系的に伝えることで、彼らは早くから自分の人生を主体的に生きられるようになるのです。私はその第一期生の卒業式にいます。場所は古びた講堂です。また私は、仕事をしながら飛行機で海外を飛び回っています。

さて、このあと彼にどんな変化が起きたのでしょうか。

彼は「セミナーのあと、とても行動的になった」といいます。

まずはコーチングに興味をもち、関連するホームページを見つけて、一週間後には説明を聞きにいきました。そこで話をした人と意気投合し、勉強を始めたのです。そしてその二か月後には、クライアントがつき、コーチングセッションをしていました。

また、彼はブログを書きはじめました。すると熱心な読者がついてくれ、質問や相談を投げかけてくれる。以前にはなかった「人のつながりの幅」を感じるようになったといいます。

さらに、彼はNLPのセミナーも初めて行いました。最初はだれも集まってくれないのではないかと不安だったそうですが、十人ほど集まってくれたそうです。収支も黒字になり、「次もやってほしい」というオファーもありました。

そして、そのセミナーに参加された方から、「子どもたちが夢を実現するためのお金との上手なつきあい方」というテーマでセミナーをしてほしいという依頼を受けたのだそうです。まさに自分が話したいと思っていたテーマだった、と彼はいいます。

彼の場合、「コンサルタントとして独立する」という願望が徐々に実現に近づいている、という状況です。この先、どのように彼の夢が実現していくのか私も楽しみです。

ひとりの思いが会社全体を変えた

同じく「チェインプロセス」のワークに参加された小栗加代子さんが目標として設定したのは「生き生きしたものがつかめている自分」というものでした。

ワークの途中で、目標達成にいたるまでの途中段階をイメージしてもらうのですが、そのときひとつめに浮かんだのが、彼女が会社で働いているシーンでした。場所はいつも働いている会社なのですが、イメージのなかでは会社の雰囲気がいつもより生き生きしていて、社員も動作がきびきびとしていて、全体に活気があったといいます。

彼女はある会社の営業所でパートで事務の仕事をしています。営業所は全国に約三百あるらしいのですが、当時の彼女の営業所の成績は限りなく底辺に近かったといいます。

営業は数字がものをいう世界です。しかし営業部員の努力と成績が比例するとは限りません。彼女の営業所の営業部員たちも精一杯努力していました。しかし思うように成績が伸びない。そんな営業部員たちを見ていて、彼女はかわいそうだと思っていました。何をしてあげればよいかはわからないけれど、営業成績がよくなってくれればいいなと常々思っていたのだそうです。

そういう背景があって、ワークをしたときに、会社がいつもより生き生きしているシーンが浮かんだのです。

次に見えたのは、彼女自身がセミナーか研修を主催して、大勢の人たちを前に話をしている様子でした。

彼女はこのワークで見えたイメージとキーワードを盛り込んで「私の物語」を書きました。そしてそれを百日間、毎日読みつづけたのです。

するとどんな変化が起きたか。

セミナーが終わってしばらくすると、いつも全国で底辺にあった彼女の営業所の成績が、全国で真んなかぐらいまでに伸び、三か月で全国で十位に入ってしまったのです。さらに、そこから三か月たつと全国一位をとってしまったというのです。

三年間、どうしてもクリアできなかった営業目標が、たった一年で達成できました。また、過去十年間、彼女のいる営業所からは営業所長が出たことがなかったのだそうですが、営業所の営業成績が伸び、所長をひとり出すことができたのです。

彼女がワークで見た「会社が生き生きしているイメージ」が現実のものになったのです。

なぜそうなったのか、彼女にはいくつか心当たりがありました。

まず、彼女は職場で肯定的な言葉を使うようにしたといいます。同僚が否定的な言葉を使うと「いまネガティブな言葉をいいましたね」などとチェックを入れるようになりました。すると、営業部員同士が「ネガティブな言葉ですね」「ポジティブな言葉でいきましょう」などと、お互い自然にツッコミを入れるようになっていったといいます。

また、彼女は営業部員の話をよく聞くようになりました。営業部員は会社の外から電話をかけてくることがあります。そんなときもとことん話を聞いてあげるようにしました。営業部員たちは外に出ると、人からいろいろなことをいわれて嫌な思いをする場合も少なくない。ほんの数分でもだれかにそれを聞いてもらえれば、気持ちを切り替えることができるだろう。そう思って、営業部員たちの話に耳を傾けたのだそうです。

彼女の周辺は、さらなる変化をしました。

それまで彼女の仕事は事務作業が中心でしたが、社内の研修の仕事にも携わるようになったのです。さらにほかの営業所から、事務員の指導をしてほしいと頼まれるようになりました。彼女はそこで「営業部員の話をなるべく聞いてあげてください。それだけで違ってきますよ」などと話をしたといいます。二十数人いる事務員のなかから、なぜか彼女が選ばれたのだそうです。

また、彼女は採用の仕事にも携わるようになりました。営業の目からどのような人がよいかアドバイスをくださいという依頼があり、役員とともに選考に加わったのだそうです。

パート社員がそのような仕事をまかされる事例は、過去にはなかったといいます。また、彼女は仕事とは別に健康管理士が集まる会に参加していました。そこで彼女が以前から興味をもっていた「カラーセラピー」の話を三十人ほどの人の前でする機会も訪れました。

彼女は、ワークで二番目に見た「多くの人の前でセミナーをしている」というイメージが少し形を変えて実現したのだといいます。

彼女はこの過程を振り返ってこういいます。

「これまでの自分なら『できない』と尻込みしていたことが、できるようになりました。

また、自分ひとりではできないところには協力者が現れるようになりました。この人ならまかせられるという人が現れて、『一緒にやりましょう』といってくれる。以前は何もかも自分で背負っていました。しかし人にまかせられるようになったいまは、まかせた相手からも何かを学ぶことができると実感しています」

彼女はワークを通じて、**「自分にはできない」というプログラムを「自分にもできる」というものに変えたのです。**また、「すべて自分でやらなければいけない」というプログラムも、「すべて自分でやらなければいけないわけではない」というものに変わりました。

興味深いのは、彼女の変化によって彼女のまわりも変化したことです。

他人の気持ちを変えることはできません。しかし、自分自身が変わることによって自然とまわりが変わっていくことは少なくないのです。

このように、「チェインプロセス」は、人に変化をもたらすのです。

ここで紹介したことはほんの一例にすぎません。こうしたワークを実践することで、変化を実感した方はほかにもたくさんおられるのです。

あなたもあなたの変化が訪れることを信じて、ぜひワークを実践してみてください。

強く望み、長く実践することが大事

ここまで願望を実現するための手法（メタアウトカム、リフレーム、アズ・イフ・フレームなど）をいくつか紹介してきました。この手法を実践する際に心得ておいてほしいことが二点あるのです。

まずひとつめは、**「最初は力強く望む」ということ。**

これは第1章で述べた「強く願いすぎるとかなわない」という話と矛盾するように感じるかもしれません。でも、まず最初はとにかく「こうしたい」という気持ちを強くもつことから始めなければなりません。なぜなら、強烈なモチベーションがないと真剣に取り組めないためです。

ただし、執着すると願望の実現を遠ざけてしまいますから、実践する際にはその気持ちをクールダウンさせてください。

人はからだや気持ちに力が入りすぎると、逆に力を発揮できなくなります。からだも気持ちもリラックスした状態で取り組んでほしいのです。

話は少しそれますが、江戸時代に盤珪永琢《ばんけいようたく》禅師という僧がいました。彼は若いころ、中国古典のひとつである『大学』に書かれている「明徳」という言葉に出会いました。しかしその意味がどうしてもわからず、大いに悩んだそうです。病気にかかり、苦しい思いをしながらもその答えを求めつづけました。でもわからない。病気が悪化して、「ああ、ついに『明徳の義』はわからなかったな」とあきらめた瞬間、明徳を理解したのです。

願望実現にも似ている部分があります。

願望を実現するためには、最初は強いモチベーションが必要です。でもその強い思いのまま「願望を実現したい」と願ってもかないません。クールダウンして手法を実践し、意識が願望について忘れてしまったころに、ふと実現する場合が多いのです。

クールダウンした状態とは、「やれて当然」「(願望が)手に入って当然」という意識です。たびたびお伝えしたように、手に入って当然だと思っている人は強く望まないものです。

クールダウンさせるために必要なことはくり返しの実践です。なぜなら、くり返しイメージトレーニングすることによって、手に入れている状態が自分だと脳が錯覚し「やれて当然」という感覚をつくりだすからです。

このように、手法を実践する際にはくり返し実践しつづけることが大切です。願望を実現するためには、無意識のなかのプログラムを書き換えること、とくに思い込みを変えることがカギですが、なかには相当強固な思い込みもあります。

たとえば武士には、「武士たるものこうあるべし」という思い込みがありました。武士は、武士の自分がそこからはずれることは絶対に許されません。仮にはずれたら「切腹」という形で責任をとるのです。

前に述べましたが、人間のもっとも深い欲求とは、一日でも長く生きながらえたいという「安全・安心欲求」です。人間は常に安全、安心を求めるのです。

ところが強固な思い込みは、ときにこの安全・安心欲求を超えてしまう。人は思い込みを深めるあまり、死を選んでしまう場合もあるのです。

このような強固な思い込みを変えるのは容易ではありません。

でも道はあります。

それが「くり返し」です。

68ページで、プログラムは「インパクト（強烈な体験）」と「くり返し」でつくられると述べましたが、同じくこのふたつのどちらか、あるいは両方を行うことによってプログラムの書き換えも可能なのです。

魔法ではない、すべては地道なくり返し

私の願望実現セミナーでは、ご紹介した「チェインプロセス」のワークを、必ず一回実践してもらっています。この一回の実践と「私の物語」を書き、読みつづけることで変化を感じられる受講生の方はたくさんおられます。

しかし、全員が一回の実践でいいかというと、そうでもないのです。十分なワークが実践されていなければ、納得のいく変化も期待できません。

そこでくり返し行ってほしいのです。「チェインプロセス」でなくてもいいのです。**自分に合った手法をくり返しくり返し実践してほしい。そのくり返しが重要なのです。**

私のセミナーの受講生のなかに、「チェインプロセス」を一週間続けたという方がいました。セミナーで実践し、そのときなんとなく自分が変わったような感覚があり、それが心地よかったのだそうです。そこで一週間続けたのだそうです。

彼は目標として、セラピストとして独立してセミナーの仕事をしているという状況を掲げました。

そして実際に、彼は自らの主催でセミナーを開いたのです。これまで三回セミナーを開き、続けて来てくださる方もいたそうです。

「それまでは人前で話すのは苦手だというセルフイメージがありましたが、この経験を通して自分はできるんだという自信をもつことができました」と彼はいいます。

彼はまた、ほかの手法についても一か月間続けました。

この彼のように、とにかく実践しつづけることが重要なのです。くり返しくり返し、続けることが大切なのです。

強固な思い込みを変えるには、何年もかかるかもしれません。でもそれを超えたとき、あなたは本当にあなたらしく生きられるのです。だとしたら、それだけの力を注ぐ価値はあると思うのです。

長年、人の変化をつくりだすセミナーを行ってきて実感していることは、「人間は変わりやすい、しかし、元にも戻りやすい」ということです。つまり、一時的にはびっくりするくらい大きな変化を体験する人は多いのです。しかし、変化を定着させている人は、みな地道な努力をしている人たちなのです。

魔法のように効果のある手法など、そうあるものではありません。NLPも魔法ではないのです。NLPは自己変革のための強力な道具になりますが、実際にこれを活かすためには、ほかの分野での上達と同じように地道なくり返し（実践）をしつづけるほかはないのです。

チェインプロセスを一週間続けた受講生の方の事例をご紹介しました。彼はくり返しの実践により、セルフイメージを変えつづけているのです。道を極めた武道家は、みなだれよりも型《かた》をくり返したといいます。どうか、みなさま、この本を読んでいただいて、心で感じるものがあったなら、実際にくり返し実践していただきたいのです。

第6章——人は何によって変わるか

五つの意識レベルのどこに語りかけるか

長い人生の間には、「いまの自分があまり好きではない」「自分に自信がもてない」、あるいは「自分には生きている価値がないのではないか」などと思う時期があるかもしれません。

とくにこんなふうに思っている人たちに、私は、人は変われるのだということを伝えたいと思っているのです。

人が変わると、行動が変わります。その行動の変化は願望実現へとつながります。なりたい自分へとなれる。つまり「人が変わること」イコール「願望実現」ともいえるのです。

では、どんなときに人は変われるのか？

結論からいえば、**アイデンティティーが変わったときに、人は変わります。**

これはどういうことなのか。ニューロロジカルレベルという理論で説明しましょう。

「アイデンティティーが変わると人が変わる」という結論にいたるまでには少し長

い道のりになりますが、ニューロロジカルレベルの理論には、私たちが「楽に生きるヒント」も含まれていますので、ぜひおつきあいいただければと思います。

ニューロロジカルレベルとは、NLPの共同開発者のひとりであり、トレーナーでもあるロバート・ディルツ博士が体系化した理論で、「意識のレベル」に関する研究です。

ニューロロジカルレベルでは、私たちの意識には「環境レベル」「行動レベル」「能力レベル」「信念・価値観レベル」「アイデンティティーレベル」の五段階があると考えます（ディルツの理論では、さらに「スピリチュアルレベル」が加わり、六つの段階があるとされていますが、ここではシンプルに五段階で説明します）。

わかりやすく表現しましょう。

環境レベルの意識とは、「私はいつ、どこにいるのか」という意識です。

行動レベルの意識とは、「私は何をしているのか」という意識です。

能力レベルの意識とは、「私はどのように行動しているのか」という意識です。

信念・価値観レベルの意識とは、「私はなぜ、このやり方でこれを実行しているのか」という意識です。

アイデンティティーレベルの意識は、「私は何者か」という意識です。

意識のレベルは、左ページの図のように成り立っていると考えてください。レベルが上に行くほどより深い部分の意識、レベルが上に行くほどより自分にとって影響力が強い意識、といえます。

抽象的でわかりにくいかもしれませんね。

この意識のレベルを、ある小学校の教師に当てはめて考えてみましょう。

仮に、ひとりの小学校の男性教師がいるとしましょう。学校の先生にはさまざまなタイプがいますが、彼は「子どもたちはだれでも自ら何かを発見する力をもっている。その力を引き出すのが教育だ」というポリシーをもっています。そのため勉強の教え方も独特です。たとえば「1＋1＝2」ということを教える際、ほとんどの先生たちがやるようなカラーのマグネットを使った教え方はしません。彼は子どもたちに次のように聞くのです。

「たとえば今朝、キミの家のテーブルの上にりんごが1個あったとしよう。ところがキミが学校から帰ってみると、そのりんごが2個に増えていたよ。どうして2個

ニューロロジカルレベル

に増えたのだと思う?」

子どもたちは、「お母さんが買ってきたのだろう」とか「近所のおばさんがくれたのだろう」とか「お兄ちゃんが隠していたのだ」などといいます。そこで、彼はいいます。

「そうだね、どれも正解だね。もともとテーブルの上にはりんごは1個しかなかったけれど、だれかがもう1個もってきた。そうしたら2個になった。1+1=2というのはこういうことなんだ」

さて、こんな彼の意識をニューロロジカルレベルで分解してみましょう。

環境レベル……私は、学校にいる。

行動レベル……私は、子どもたちに勉強を教えている。

能力レベル……私は、子どもたちが自ら発見する力を伸ばすようなやり方で勉強を教えている。

信念・価値観レベル……私は、子どもたちはだれでも自ら何かを発見する力をもっていると信じている。その力を引き出すために子どもの教育をしている。

アイデンティティーレベル……私は子どもの力、可能性を信じ、それを引き出す努力をする教師だ。


あるいは、次のような意識レベルをもつ教師もいるでしょう。

環境レベル……私は、学校にいる。

行動レベル……私は、子どもたちに勉強を教えている。

能力レベル……私は、子どもたちがテストで少しでも高い点数をとれるようなやり方で勉強を教えている。

信念・価値観レベル……自分のクラス・学校から優秀な児童をひとりでも多く出すことが重要。それが自分の評価にもつながる。

アイデンティティーレベル……私は優秀な子どもを育てる努力をする教師だ。


このように、人が変われば意識のレベルの内容も当然変わります。

ぜひご自分の各レベルの意識についても考えてみてください。

会社の一員として、学校のクラスの一員として、家族の一員としてなど、組織のなかの一員として考えるとわかりやすいと思います。

この意識のレベルは、環境→行動→能力→信念・価値観→アイデンティティーとレベルが上がるにつれ、私たち人間はより深く重要な部分に影響を受けるといわれています。

このことを実際に実感してもらいましょう。

仮に、だれかがあなたに次のようにいったとします。

「あなたのいる環境はすばらしいですね」

環境レベルをほめられた場合です。「あなたの会社はすばらしいですね」「あなたの学校はすばらしいですね」「あなたの住んでいる町はすばらしいですね」などでもけっこうです。自分の状況に当てはめて、実際にいわれたと思ってください。そのとき、あなたはどのように感じるでしょうか。

おそらく自分のことが評価されているのではなく、自分以外の外側のものが評価されていると直感的に感じたと思います。

次は行動レベルです。同じように、だれかがあなたに次のようにいったとします。

「あなたの行動はすばらしいですね」

「毎日会社に行って働いているのはすばらしいですね」「いつも残業していてすばらしいですね」「いつも一生懸命勉強していてすばらしいですね」などとも置き換えられます。

こういわれたときのあなたは、先ほどの環境レベルの場合と違って、自分自身が評価されたと感じたと思います。

次は能力レベルです。

「あなたは○○の分野ですばらしい素質（能力）をもっていますね」

実際に、あなたの得意分野をひとつ思い浮かべて、それが評価されたと思ってください。「あなたは営業に関してすばらしい素質をもっていますね」「あなたは人前で話すことに関してすばらしい能力をもっていますね」などです。

行動レベルよりさらに大切な部分が評価されたように感じたと思います。

次は信念・価値観レベルです。

「あなたが信じて、価値を置いているものはすばらしい」

あなたが実際に大切にしている価値観が評価されたと感じてみてください。おそらく、あなたの生き方そのもの、本質的な自分のあり方そのものが評価されたと直感的に感じたと思います。

「あなたは〜」のメッセージは効果ばつぐん

ここまで、「環境」→「行動」→「能力」→「信念・価値観」と四つのレベルを体験してきましたが、多くの方はレベルが上昇するごとにより大切なものが評価されたと直感的に感じたのではないでしょうか。

最後にアイデンティティーレベルです。

「あなたはすばらしい」

実はこのレベルの表現は、これまでご紹介してきたその他のレベルとは根本的に異なっているのです。

環境レベル、行動レベル、能力レベル、信念・価値観レベルの場合は、いずれも部分に対する評価でした。たとえば、「行動レベル」。仮にあなたが「残業していてすばらしい」「一生懸命勉強する姿がすばらしい」といわれたとき、あなたのすべてが評価されたと感じるでしょうか？　それとも、特定の行動をしている自分が評価されたと感じるでしょうか？

おそらく多くの方は「特定の行動」が評価されたと直感的に感じるでしょう。

「能力レベル」はどうか？

「あなたには○○の分野ですばらしい素質がある」「あなたには人前で話すことに関してすばらしい能力がある」といわれたときはどうでしょう。

やはり、あなたのすべてが評価されたというよりも、特定の能力が評価されたと直感的に感じるでしょう。つまりこれも部分に対する評価なのです。

「信念・価値観レベル」も同じです。

「あなたの家族を大切にする姿勢はすばらしい」といわれたとき、もちろんとてもうれしいでしょうが、これも特定の価値観に対する評価となります。

そしてもう一度、アイデンティティーレベルです。

「あなたはすばらしい」

アイデンティティーレベルは、「あなた」「私」「彼、彼女」という表現と関係があります。

「あなたはすばらしい」といわれたとき、「あなた」そのものが「すばらしい」と評価されたことを意味します。つまり**「あなた＝すばらしい」と絶対的な価値づけをしていることになります。**

要するに、「行動」「能力」「信念・価値観」までのレベルが部分に対する評価であったのに対して、アイデンティティーレベルはあなた（私、彼、彼女）の全体に対する評価を意味します。よって、多くの人はこのアイデンティティーレベルの表現に、もっとも強い影響を受けます。

アイデンティティーレベルの表現がいかに強力かについて、たとえば次のような例をあげると、少し身近に感じるかもしれません。

たとえば、ぜんそくの症状が出て苦しんでおられる方のなかには、次のような表現をする人がいます。

「私はぜんそくだ」

おわかりのとおり、これはアイデンティティーレベルの表現です。こうした表現をされる方のなかには、なかなかぜんそくが治らず悩んでいる方が多く見受けられます。

この表現においては、「私」と「ぜんそく」は同化しています。その表現の奥には、「自分はぜんそくとは切っても切り離せない存在だ」という強固にできあがったセルフイメージがあります。こういう人は、どうしても治りづらいでしょう。

では、どういう表現をするほうがよいのか。

「私にはぜんそくの症状がある」

このような表現をしている人は、比較的治りやすいのです。「私＝ぜんそく」ではなく、私の一部がぜんそくだという表現なので、対処することができると潜在的に思っているということを意味しています。

人間の脳には「焦点化の原則」があるので、知らず知らずのうちに「私は〇〇である」というシンプルな表現を好んで使うようになってしまい、無意識に自らに制限を加えてしまうことがあるのです。

裏返せば、言葉を変えるだけで、病気の症状や習慣なども改善できる可能性が広がるということです。

これを知ると上手な〝叱り方〟がわかる

先ほど、

意識のレベルは、環境↓行動↓能力↓信念・価値観↓アイデンティティーとレベルが上がれば、私たち人間はより深く重要な部分に影響を受けるといわれています。

と述べました。

このことを、だれかにほめられた場合を想定して実感してもらいましたが、次に叱られた場合を想定して考えてみましょう。

仮に、あなたが仕事で大事なクライアントに大迷惑をかけてしまい、そのお詫《わ》びをメールだけで済ませてしまったとしましょう。このことについて、上司があなたを次のように叱ったとします。

1「お詫びをメールだけで済ませるというやり方はよくない。直接お会いして謝ってきなさい」

2「キミは何でも面倒なことはメールで済ませようとする！　そういう逃げの姿勢はけしからん」

3「お前はなんてダメなヤツなんだ」

さて、実際にこの三つの叱られ方をしたときをイメージしてみてください。

あなたがもっとも落ち込む叱られ方はどれでしょうか。

おそらくもっとも落ち込むのが3、次に落ち込むのが2、いちばん冷静に受け入れられるのは1だと思います。

実は、1は行動レベルについて、2は信念・価値観レベルについて、3はアイデンティティーレベルについて叱っています。つまり叱られるほうにしてみると、1は自分の行動を否定され、2は自分の信念・価値観を否定され、3は自分自身のすべてを否定されたように感じるわけです。

ほめられた場合と同様に、叱られた場合も、環境↓行動↓能力↓信念・価値観↓アイデンティティーの順に、より深い部分に響くのです。


ところで、私たち人間は「一般化」する傾向があるとたびたびお伝えしてきました。

次は、あなたが上司の立場になったときのことをイメージしてみてください。

部下が大事なクライアントに大迷惑をかけた。しかもそのお詫びをメールだけで済ませてしまった……。「とんでもないことをしてくれたものだ」とあなたは思います。このとき、多くの上司は部下のたった一度のミスだけに焦点を当て一般化してしまうのです。たしかに部下は失敗したかもしれない。でもこの部下にも仕事上の長所は多くあるはずです。ところがそれはすべて見えなくなってしまう。

そして、「お前はなんてダメなヤツなんだ」と叱ってしまう。要するに、人格を全否定するような叱り方をしてしまうのです。つまり、**たった一度のミス（部分）を、全人格（全体）に結びつけて否定してしまうのです。**

叱られた部下はどう感じるか。

彼が新入社員で、仕事の経験があまりなかったとすると、「自分はダメなヤツなんだ」というセルフイメージができてしまう可能性が高くなります。すると部下は同じような失敗を何度もくり返すでしょう。

私のダメ社員時代が、まさにこれと同じだったのです。

では、上司はどのように対処するべきだったのでしょうか。

ロバート・ディルツ博士は、英語の五つの主要な疑問詞が、ニューロロジカルレベルの意識のレベルと関係があることを発見しました。

環境レベルはWHEN・WHERE、行動レベルはWHAT、能力レベルはHOW、信念・価値観レベルはWHY、アイデンティティーレベルはWHOです。

そして他人と、あるいは自分自身とコミュニケーションをとる際には、WHEN、WHERE、WHAT、HOWでフィードバックするべきだ、というのです。

先ほどの例なら、上司は部下に「何（WHAT）がいけなかったのだと思う？」「どのように（HOW）すればよかったのだと思う？」と聞く。すると部下からは建設的な答えが返ってくるでしょう。しかも、このようなフィードバックをされたら、責められているという感覚はありません。あくまで表面的な行動が間違っていただけで、自分そのもの（アイデンティティー）はOKなのだという安心感があるでしょう。

ところが、WHYやWHOではそうはいきません。「なぜそんなことをしたのだ？」「だれがやったのか？」と質問したところで、建設的な意見は返ってこないはずです。

もしあなたが上司や親など、だれかを教育・指導する立場にあるなら、このことを覚えておくと便利です。

逆に、あなたが部下や生徒など、だれかから教育・指導を受ける立場であったとしましょう。ニューロロジカルレベルを知っている上司や指導者はまだまだ少ないはずです。「お前はなんてバカなヤツなんだ」などの叱られ方をしたときには、あなたの上司や指導者は「ニューロロジカルレベルを知らないのだ」と思ってください。**そして彼らは決してあなたそのものを否定しているのではなく、あなたの一部(行動やそのやり方)を叱っているのだと思ってください。**

そして、彼らのかわりに自分自身でフィードバックしてほしいのです。「何がいけなかったのだと思う？」「どのようにすればよかったのだと思う？」と。

ニューロロジカルレベルを知らない彼らに振り回されることなく、あなたは一歩成長できるはずです。

行動を変えるには上位の意識レベルを変える

ここまで、「意識にはレベルがある」ことを実感していただきました。

ここでふたたび、221ページの図を見てください。

ニューロロジカルレベルでは、上位のレベルが下位のレベルに影響を与える、上位のレベルの変化は下位のレベルに何らかの変化をもたらすと考えます。

つまり、アイデンティティー、信念・価値観が変わると、能力、行動、環境にも何らかの変化が起きるのです。

私は経営コンサルタント会社で社内一のダメ社員から、トップセールスパーソンに変わりましたが、後に、私があのとき変われたのはアイデンティティーの変化と関係があったのだとわかりました。私のアイデンティティーの変化が、下位のレベルの変化をもたらし、営業成績アップにつながったのです。

具体的に説明しましょう。

私がダメ社員だったときの私のアイデンティティーとは、「商品を売る人」でした。

当時の私は、とにかくクライアントに買ってもらうことばかりを考えていました。「これはすごくいい研修ですよ」と商品がいかにすばらしいかばかりを説明していました。NLPを学んだいま、それがいかに間違った方法だったかがわかります。

人のもっとも深い欲求は「安全・安心欲求」だとはすでに述べました。

私が「これはすごくいい研修ですよ」などと一方的に商品の価値を決めつけるの

は、クライアントの「安全・安心欲求」を満たすものではなかったのです。人はいつでも自分で決定権をもちたいと考えています。決定権を与えられない状態、つまりだれかに押しつけられる状態は不安ですね。安全・安心とは逆をいくのです。よって、よい商品かどうかの決定はクライアントが下すべきものなのです。ところが私は、その余地を与えずに一方的に商品を押しつけていたのです。

そんな当時の私の各意識レベルは、次のようなものでした。

信念・価値観レベル……利益重視。どうすればクライアントに買ってもらえるか。
能力レベル……クロージングを無理にするなど、強引な売り方。
行動レベル……とにかく売る。

ところが入社三年目のある日のある出来事をきっかけに、私のアイデンティティーは、「売る人」から「クライアントのパートナー」に変わったのです。

人はだれかに買わされたいとは思っていないはず、しかしさまざまな課題を抱えていて困っている、だれかに相談したいと思っている人は多いはず、と気づいたのです。そして、以下のレベルも次のように変わりました。

信念・価値観レベル……「クライアントに喜んでもらうこと」「クライアントの問題解決をすること」を大切にしよう。

能力レベル……クライアントの本音や困っていることを聞き出す。

行動レベル……クライアントの話を聞く。

このように、上位の概念は下位の概念に影響を与えるのです。アイデンティティーが変わると、信念・価値観、能力、行動、環境に影響、変化を与えるのです。

つまり、アイデンティティーの変化は人を変えるのです。

といっても、アイデンティティーとは人の深い部分に存在するものであって、そう簡単に変わるものではありません。私のアイデンティティーが変わったのも、偶発的な体験によるものでした。つまり、自ら意図的に、短時間でアイデンティティーのみを劇的に変えるのはむずかしいのです。

しかし、方法はあります。

ニューロロジカルレベルの上位の概念は下位の概念に影響を与えますが、下位の概念が上位の概念に影響を及ぼす場合もあるのです。

よく自己啓発書には、「小さな成功体験を積み重ねなさい」と書かれています。自分に自信のない人が、いきなり大きな成功をつかむのは困難です。そこでまずは小さな成功をめざす。そしてその小さな成功を積み重ねていく。**するとやがて自分にわずかながら自信が芽生えてくるのです。**行動を積み重ねることで「私はダメな人間だ」という概念から、「私はできる人間だ」という概念に徐々に変わっていくのです。

このように、行動の変化がアイデンティティーの変化をもたらす場合もあるのです。

ところが行動を変化させるのも、そう簡単ではありません。たとえば自分にまったく自信のない状況の人が、成功体験を積み重ねるのは困難です。ダメ社員時代の私も、小さな成功体験を積み重ねることによってセルフイメージが変わることを知っていました。しかし「まったく自信がない＝著しくセルフイメージが低い」当時の私は、小さな成功をしようとしても、ほとんど毎回失敗していたのです。

そんなときに使えるのが、実はこれまで説明してきた「アズ・イフ・フレーム」「リフレーム」などの願望実現のための手法なのです。

何より行動（実践）が大切です。しかしその前にセルフイメージを高めるためのイメージトレーニングをしていただきたいのです。

いうまでもなく、行動（実践）が人生を変えます。願望は行動の積み重ねによって、よりよく引き寄せられます。しかし、行動をするその人のセルフイメージが高くなければ、質の高い行動はできません。

かつての私のように、さらにセルフイメージを下げる行動をとってしまうことにもなりかねません。たとえばダイエットをしたいと思っている人が、ダイエットに失敗しつづけることで、ダイエットはむずかしいという思い込みを強化してしまうようにです。

一方、セルフイメージが高い人には「善の循環」があります。**行動がセルフイメージを高め、またセルフイメージが高いからこそ、すばらしい未来が引き寄せられるのです。**

前に「すべては思い込みなのだ」と述べました。実はアイデンティティーも思い込みにすぎないのです。そしてその思い込みは、変えられるのです。アイデンティティーが変われば、人は変わります。そして人生が変わります。

ありのままが認められれば、人生は変わる

「ヤンキー先生」として有名になり、現在は衆議院議員として活躍する義家弘介さんをご存じの方は多いと思います。

以前、テレビで義家先生のドキュメンタリー番組を見ていて、とても感動して涙が止まらなくなったことがありました。

彼は「不良」から「教師」へという大きな変化を遂げました。大変おこがましいのですが、この変化の理由がよくわかったのです。

彼は中学、高校時代をヤンキーとして過ごします。最初に入学した高校では、教師を殴って事実上の退学となるなど、いわゆる問題児でした。

その背景には、彼が生まれて間もなく両親が離婚したこと、父親や後に父親が再婚した継母との関係がうまくいかなかったことなどがありました。

彼は、著書で「幼いころに親に絶対的に愛され許されたという記憶がない」と書

いています。

高校退学を機に、彼は里親のもとに預けられます。そして、全国から高校中退者や不登校生を受け入れる北海道・余市にある北星学園余市高等学校に編入するのです。この高校生活で、彼はかつて味わったことのない喜びや安らぎを得ます。しかし、社会や大人に対する姿勢は変わらぬまま。自分のような人間がいるのは、大人たちのせい、社会のせい。社会を敵視した生き方は相変わらずでした。

ところがあるときを境に、彼は変わるのです。

彼は大学時代にバイク事故を起こします。胃、腸、すい臓、肝臓、腎臓が破裂、意識不明の重体となったのです。

奇跡的に一命をとりとめましたが、意識が回復しても激しい痛み、その痛みを抑えるためのモルヒネによる幻覚、そして吐血、下血が彼を苦しめます。そして彼は、こんなに苦しむくらいなら死んだほうがましだと思うのです。「殺してくれ!」とベッドのなかで叫びつづけたといいます。

そんな状況のなか、彼の前に現れたのが北星学園余市高等学校でお世話になった安達俊子先生でした。安達先生は、彼が「初めて『教師』と呼べる人に出会えた」

と語る人。彼が心から尊敬し、心から好きだった先生だったのです。

その先生が、北海道から神奈川県の病院にまでわざわざ駆けつけてくれたのです。そして安達先生は、ベッドで苦しむ彼の手を握りながらいうのです。


「義家君、死んではだめ、死なないで。あなたは私の夢だから。だから死なないで……あなたは私の夢だから……」


この言葉によって、彼は「生きたい」と思うようになるのです。かつてないくらいの大きさで「生きたい」と。

そして、彼は変わるのです。

これからは、残りの生涯は、自分を救ってくれた「教育」に捧《ささ》げようと。

そこには、大人や社会を敵視するかつての姿はありませんでした。彼はガラッと変わったのです。


この過程をテレビで見ていて、腹の底から湧き上がる気づきがあったのです。文字どおり腑《ふ》に落ちたのです。

彼が変わったわけは、安達俊子先生という存在があったからです。**このような存**

在をNLPではスポンサーといいます。

スポンサーとは相手の本質や自己認識を認め、承認するべき人であり、相手の潜在能力を探求、保護し、そのアイデンティティーと価値観の開発に焦点を当てる人のことをいいます。

ロバート・ディルツ博士は、NLPを使ったコーチングのプロセスと体系もつくりあげました。コーチングとは、彼いわく「人や組織が最大の能力を発揮するように支援するプロセス」です。

ディルツは『ロバート・ディルツ博士のNLPコーチング』(VOICE/佐藤志緒訳・田近秀敏監修)という本のなかで、コーチングのプロセスにおけるコーチの役割を、次のように定義しました。

環境レベルに関する支援では、ガイディング(案内すること)とケアテイキング(世話すること)。つまり、コーチはガイドまたはケアテイカー。

行動レベルに関する支援では、コーチング(指導すること)。つまり、コーチは指導者という意味でのコーチ。

能力・技能レベルに関する支援では、ティーチング(教授すること)。つまり、コーチはティーチャー。

信念・価値観レベルに関する支援では、メンタリング（助言すること）。つまり、コーチはメンター。

アイデンティティーレベルに関する支援では、スポンサリング（後見する）。つまり、コーチはスポンサー。

要するにスポンサーとは、相手の存在のすべてを認める人のことです。そして、スポンサーが行う承認のことを、「スポンサーシップ」といいます。

安達先生は、義家さんに「あなたは私の夢だから、だから生きて」と語ったのです。彼にしてみれば、自分のすべてを認められたと感じられる言葉だったでしょう。親にさえ「絶対的に愛され、許された記憶」がなかった彼が、初めて「あなたはあなたでいいのだ」と認められた言葉だといえると思うのです。

人のもっとも深い欲求は「安全・安心欲求」だとはすでに述べましたが、人が究極に「安全・安心」を感じられるのは、自分をありのまま認めてもらうことなのです。あなたはあなたでいいのだと、心から受け入れられることなのです。

それを認めてくれるスポンサーに、彼は出会えた。そして変わった。

このように、人は人生のある時期にスポンサーに出会うと、劇的に変わる場合があるのです。しかもある意味で、それはどん底のときにこそ大きな変化をもたらすのです。

実は、私が社内一のダメ社員からトップセールスパーソンになった理由も、このスポンサーの出現にあったのです。

私の人生が一変したあの日の出来事

社内一のダメ社員から、トップセールスパーソンへ――私の変化のきっかけは、たった一日の数時間の出来事でした。

それは、ある年の十一月下旬のことでした。

いつもなら終電まで残業をするのが普通でしたが、その日の私はほとほと疲れていました。たび重なるクレーム、上司の叱責、加えて社内の冷遇……。今日は早めに会社を出て気分転換をしよう。そう思い、当時流行《はや》っていた映画を観にいきました。

しかし映画の内容は私の趣味に合わず、三十分ほどで映画館を出ました。「今日は家に帰って早めに寝よう」と思ったのです。

ところが家に帰ると、留守番電話にクライアントからのメッセージが入っていました。当時は今ほど携帯電話が普及していないころでした。

電話の相手は、Tさん。会社にとって大事なクライアントです。**電話の向こうで彼がものすごい剣幕で怒っていたのです。**キミの会社はまったく信用できない、これまでの契約はすべてキャンセルする、私がキミの会社を紹介した知り合いにも、研修で一緒に学んだ経営者仲間たちにも今回のことは伝える、おそらく彼らも契約をキャンセルするだろう、といった内容でした。

メッセージを聞いて、私は血の気が引くような感覚を覚えました。彼がいったとおりに契約をキャンセルされれば、会社の損失は一千万円以上です。さらに彼があの会社は信用できないといいふらせば、損失は計り知れなくなります。

それまでも大きなクレームをつくっていた私でしたが、今回に限っては心底「ただごとでは済まない」という危機感をもちました。

本来なら、すぐに上司に電話をかけ、報告するのが筋です。しかし、私は電話をかけられなかった。怖かったのです。いつものように、あるいはいつも以上に上司に怒鳴られるのが怖かったのです。

でも事態は深刻です。とにかく直接行って謝ろう、自分でなんとかしよう、なんとかキャンセルを取り消してもらおうと思いました。

そしてTさんの自宅の住所を調べ、電車に飛び乗ったのです。

Tさんのお宅に着いたのは夜の十一時ごろでした。チャイムを鳴らすと、Tさんご本人がインターホンに出たのです。私は必死に訴えました。

「今回はご迷惑をおかけして、まことに申し訳ありません。今回の件は私がすべて悪いのです。私の能力不足と説明不足です。会社は誠実な会社です。決して不正な商品は提供していません。だからどうか話を聞いてください」

しかし、まさに門前払いでした。

「お前の話なんか聞きたくもないし、そんな言い訳が通用するはずもない。だから帰ってくれ」

これで引き下がるわけにはいきませんでした。

「なんとか話だけでも聞いてください。出てきてくださるまで私は帰りません」

涙ながらにいいましたが、インターホンはプツンと切れたのです。

その日は寒い夜でした。

インターホンは切れましたが、私は待ちつづけました。

すると一時間くらいたって、Tさんが出てきてくださったのです。

Tさんの顔を見た瞬間、私は思わず土下座して謝りました。人前で土下座をするのは初めてでした。でも、できることは何だってしないといけない、悪いのは私ひとりなのだから、と思いました。おでこに触れた冷たい土の感触は、いまでも覚えています。

「土下座なんかするな。そんなパフォーマンスみたいなことをするな」

Tさんはそういって、玄関のなかに入っていきました。

その後ろ姿に向かって、私は「お願いですから、十分だけでもいいですから話を聞いてください。話を聞いてくださるまではここにいます」といいました。

それからさらに三十分ほどたって、Tさんが姿を見せたのです。

「話だけは聞いてやる」

ひとことだけいいました。

車に乗せられ、近所のファミリーレストランへと向かいました。そこで話を聞いてもらえることになったのです。

走る車のなかで、私はもうこれで終わりにしようと思っていました。

たくさんのクレームをつくり、社内で冷遇されても、なお私がその会社にいたのは、私がその会社で働く人たちに対して、深い部分では好きだという思いがあったからでした。大きなクレームをつくるようになってからはひどい扱いも受けましたが、最初の一年間は私をなんとかしようと一生懸命関わってくれた方たちでした。社長も気性の激しい人ではあるけれど、愛のある人だと感じていました。彼らにいつか恩返しがしたい。クレームをつくって迷惑をかけっぱなしではいけない、恩返しをするまでは、一人前になるまではがんばってこの会社にいつづけよう、と思っていたのです。

しかしそれは単なるエゴだと気づきました。このまま私が会社にいれば、もっともっとクレームをつくる。会社の雰囲気はどんどん悪くなる。会社にいつづけることは私のエゴにすぎない、だからもう会社を辞めよう、と。

そしてファミリーレストランの席で、切り出したのです。

「私は明日会社に辞表を出します。だからひとりの人間として話を聞いていただきたいのです」

スーツにつけていた会社のバッジもはずしました。

「そんな嘘くさい話はするな。バッジもつけなさい」

Tさんはいいましたが、私は本気でした。最後なのだ、これで最後なのだからすべてを語ろう、すべてをさらけ出して許しを請おう。そう思いました。

そして切々と、私がいかに無能で、これまでどれだけの失敗をしてきたかを語りました。今回の件も私ひとりがすべて悪いのであって会社は悪くない。会社がどれだけ誠実か、そして私だけがいかにダメな社員であるかを語ったのです。

いうべきことはすべていった、語りきったと感じました。いい終わると、Tさんがひとことといったのです。

「**お前、ええヤツやな**」

私はそのあとに「許してやる」という言葉を期待しましたが、その期待ははずれました。

「ええヤツやから、お前のことを許そうと思ったけれど、やっぱり許さないことにした」

彼はある企業の二代目の経営者でした。

「俺もキミの年齢くらいのときに大きなクレームをつくったんだ」

彼はいいました。

そのせいで大量の商品を返品されて、会社がつぶれる寸前になった、本当にピンチだったといいます。そして続けたのです。

「でもな、その経験があるからいまの俺があるんだ。山崎君もな、いまは辛《つら》いと思うけれど、将来この体験は絶対キミにとって最大の励ましになる。だから許そうと思ったけれど許さないことに決めたんだ」

この言葉の意味を私が実感したのは、ずっとあとのことです。

当時は、私のことを許してくれなくてもいいけれど、とにかく契約のキャンセルは取り消してほしい、と思っていました。しかしその願いはかないませんでした。

これですべて終わったのだ――。

打ちひしがれた思いでタクシーに乗り、家に着きました。辞表を書こうと思いました。しかし辞表の書き方がわからなかったのです。当時は自宅にパソコンはありませんでした。当然インターネットもできない。「明日、ビジネス文例集を買ってそれを見て書こう」。

そして、翌朝です。

起きた瞬間、ガッカリしました。昨夜の出来事は夢ではなかったのです。

いままでにないレベルのクレームをつくってしまった。しかも勝手にクライアント先に出向き、勝手な判断で行動してしまった。あげくの果てに、許してはもらえなかったのです。けっきょく、何もかもうまくいかなかったのです。

今日、すべてを上司に報告しなければならない。また社員全員の前で辱しめられなければならない。そう思うと憂鬱でした。

しかし、今日で最後です。

会社を辞めようという気持ちは固まっていました。

重い足取りで会社に向かいました。日課の朝一番の社内掃除もこれで最後なのだと思うと、涙が出てきました。何ひとつよい思い出などないまま、何ひとつ結果を出せないままこの場を去るのかと思うと、悲しくなりました。

そして、掃除が終わると上司のもとに行ったのです。

「昨日大きなクレームをつくりました。つきましては、お話を聞いていただきたいのです」

その上司だけではなく、その当時の東京支社長にも一緒に聞いてもらえるように頼みました。

いつものように思いきり怒鳴られる覚悟をしていました。

しかし上司は怒鳴ることなく、「わかった」とひとことといったのです。

辞めることを覚悟していた私には、おそらくいつもと違った雰囲気があったのだろうと思います。いつもならオドオドした態度をしていた私が、そのときはある意味で正々堂々としていたのではないかと思うのです。

そしてふたりの上司の前で、すべてを話しました。どういうクレームがあったかということ、その後私がしたことについて、すべてを語りました。

上司たちは黙って私の話を聞いてくれました。いつもは話の途中で怒鳴り出す上司も、最後まで何もいわずに熱心に聞いてくれました。こんなに熱心に聞いてくれたのは初めてでした。

すべてを話し終えると、上司はいいました。

「わかった」

そして続けました。

「あとは俺らがうまいことやってやる。だからもう安心しとけ」

この言葉を聞いて、涙が止まらなくなりました。

それまで私は、ずっと自分を否定されていると思っていました。何ひとつ仕事のできないダメな人間だと思われていると思っていました。自分で自分をドブネズミのような存在だと思っていました。

その私を許してくれたのです。

「お前はお前でよくやった」と暗にいわれた気がしたのです。

初めて自分を認められたように感じました。心の底の底でそう感じたのです。


このとき私は変わったのです。

そして私をとりまく「世界」もガラッと変わったのです。

このとき瞬間的に思いました。

これからは、この人たちのために生きよう。

それまで自分の営業成績を上げる努力や、自分が叱られないようにする努力ばかりをしていました。しかし、そんなことはもうどうでもいい。自分のことなんてどうでもいい。これまでの自分はなんてちっぽけだったんだろう。この人たちのために生きよう。自分を認めてくれた人たちに恩返しをしよう。

エゴが落ちたのです。こんなことは生まれて初めてでした。自分が自分でないようでした。とてもどっしりしていて、腹が据わったような……。

そして私の人生はまるっきり変わりました。自分でもびっくりするくらい営業の能力も上がりました。社内の人とのコミュニケーションもとれるようになりました。

クライアントにも、公私にわたって信用されるようになりました。会社の人間とクライアントという関係ではなく、人と人との関係、人と人とのつきあいができるようになりました。

何もかもがガラッと変わったのです。当時は、あまりの変化に何が何だかわかりませんでしたが、あとになって冷静になると、よくわかります。

どん底の体験が人生を根底から変える

私が変われたのは、私がどん底にいたからでした。

どん底にいたときに、上司に「もう心配するな」といってもらえた。すべてをさらけ出し、自分の悪い部分をとことん見せたあげくに、「安心せえ」といってもらえた。

私そのものを認めてもらったように感じました。お前はお前でいいんだ。そういってもらえたような感覚でした。まさにスポンサーが出現したといえるのです。

人はピンチの状態にあればあるほど、どん底の状態であればあるほど言葉が響きます。**どうしようもなく打ちひしがれているときに、「それでもいいんだ」といってもらえると、その言葉は体の奥深くまでしみ込む。**そしてその言葉が人を変えるのです。

なぜなら、人間の根底にある生存本能は危機的状況になればなるほど、強烈に自分を助けてくれる存在にすがりつこうとするからです。

よく心理学関係の本に、「深い谷にかけられているつり橋を渡っているときなど、緊張状態にあるときに告白やプロポーズをすると、成功率が高まる」と書かれていますが、これも同じ原理です。人間の根底にある「本能」は、ふだんは眠っていますが、いざとなったときにものすごいエネルギーを発し、その人を守ろうとすることで知られています。そして本能がそれほどのパワーを発揮するのは、危機的状況に置かれたときなのです。つまり、私は崖っぷちの状況のなか、私を守ろうとしてくださったおふたりにものすごく深いレベル、無意識のもっとも深いレベルで、すがりついたのです。だから、おふたりの言葉を無意識のもっとも深い部分で受け取ることができた。そのことで、私は変わったのです。

いつでもどんなときでも、コミュニケーションは言葉によって行われますが、その言葉が相手の深い部分に届くかどうかは、相手と自分の間にものすごく深いつながりがあるかどうかにかかっているのです。

ふだん、私はNLPトレーナーとして活動していますが、その際、NLPのスキルを駆使してクライアントの変化をつくりだします。多くの場合、二十分から三十分かけて変化をつくりだします。

しかし、私とクライアントがものすごく深くつながったとき、わずかひとことで相手は変容するのです。ものすごく深くつながったうえで、クライアントの存在そのものを私が全存在をかけて承認したとき、**クライアントはたったひとことで、何十年と苦しんできた束縛から解放されるときがあるのです。**

これはスキルやテクニックというレベルを超えています。これがスポンサーシップです。そしてスポンサーシップはテクニックではありません。本来、ＮＬＰもテクニックのような軽いものではないのです。

私はこのような幸福な体験を偶然にも得ることができました。

ふたたびこのような体験を得ようと思っても、それは不可能でしょう。意図的にこのような体験をつくりだすことはできません。

しかし、学べることはあります。

もしあなたの近くにどん底の状態の人がいたなら、あなたはその人を救えるかもしれない。その人のアイデンティティーを心底認めることで、その人が立ち直る手助けができるかもしれない。傲慢になってはいけないですが、その気持ちを謙虚にもちつづけることは決して無駄ではないと思うのです。

もしあなた自身がどん底の状態にいたら、それは「変われるチャンス」でもあるのです。だからどうぞあきらめないでください。人は必ず変われるのですから――。

エピローグ——本当のしあわせをつかむために

過去も未来もいまの自分が決めている

ここまで、願望を実現するためのプログラムをどうやってつくるか、いかにしてアウトカムを引き寄せるか、について、実践法を交えながら述べてきました。

ここで願望を実現するための究極のアプローチを紹介しておきます。ここまで、願望を実現するための考え方と手法をご紹介してきましたが、それらすべてを統合する根底的な考え方といえるものです。

これからお伝えすることは、**まさに人がしあわせになるための根底的な土台を提供するものです。**この土台を堅固なものにするためには五年も十年もかかるかもしれません。しかし、思い出していただきたいのです。すぐに手に入るものは、失うのも早いのです。莫大《ばくだい》なエネルギーを投入して手に入れたものは定着して、生涯あなたを支えつづけるのです。

願望を実現するための究極のアプローチとは、**「いまの自分をどこまでも肯定できる自分をつくること」です。**

現在の自分の状態をＯＫと思える人は、過去のこともすべてＯＫととらえ、未来もうまくいくものとしか考えません。未来に対してよいイメージがどんどん湧くので、そのイメージどおりの未来を引き寄せます。

逆に現在の自分に自信のない人は、過去について「辛《つら》かったことばかり」などと否定的にしかとらえられないし、未来についても不安や絶望しか感じられないのです。

これはどういうことか、もう少し詳しく説明しましょう。

そもそも過去とは何なのでしょうか。

そもそも未来とは何なのでしょうか。

過去とは、私たちの頭のなかにある記憶にすぎません。過去を思い出しているとき、過去について考えるときというのは、頭のなかにある映像をもう一回見ているにすぎないということがわかります。

たとえば、私は高校時代にラグビーをしていました。その当時の部活の体験を思い出すと、頭のなかのスクリーンにはそのとき通っていた高校のグラウンドが浮かび、そのグラウンドで練習しているシーンが思い出されます。ラグビー部の先輩たちの姿、そして独特のかけ声が、頭のなかによみがえります。それらの映像とかけ声を頭のなかで再現しているうちに、懐かしさが胸いっぱいに広がるのを感じます。

たしかに、私の意識は過去にタイムスリップしました。前に述べたとおり、意識は過去に行くことができます。私の意識も過去の体験のなかにしばしどっぷり浸《つ》かっていました。しかし、これらの体験は実際にはいま（現在）という時間にしか属していないということがわかります。

けっきょく、頭のなかに過去の映像と音が流れていて、それをいま（現在）という時間に、まるでリアルな映画でも見るかのように見ているというのが現実です。

要するに、**過去という時間は意識がつくりだした幻想にすぎないのです。**

私たちが過去を再体験するということはどういう意味なのか。

それは、意識が過去の世界に入っていると錯覚しているだけで、実際にはいま（現在）という時間に、過去の記憶を見ているだけなのです。

だとしたら、いまの状態がそのまま、過去の記憶に影響を与えることになるはずです。現在あなたが絶好調ならば、つまりいまのあなたが豊かでしあわせならば、〝快〟の感覚を感じているでしょう。このように快感を感じているとき、多くの人は楽観的になっています。

楽観的になっているときに否定的な過去はなかなか思い出せないし、思い出せたとしても、勝手によい意味づけをしていたりします。「このハードな体験が私を強くしてくれたのだ」などと。

逆に、いまの状態が最悪だったらどうか。

当然、自信がなく不安を感じていて、精神的な痛み（ストレス）を抱えているでしょう。このような状態のとき、多くの人は悲観的になっています。そして悲観的になっているとき、否定的な過去を思い出しやすくなります。また、こんなときには否定的な意味づけをしがちです。「あの出会いが私をダメにしたのだ」などと。

つまり、よい現在の状態は豊かな過去の思い出を引き寄せるし、最悪な現在の状態は、否定的な過去の思い出を引き寄せるのです。

要するに、**過去というのは現在の認識なのです**。つまり、現在の状態が「過去の記憶」の質を決定するのです。

現在を肯定すれば、すべてがしあわせになる

では、未来とは何なのか？

ここまで注意深く読んでくださっていれば、おのずと答えはおわかりでしょう。

未来の正体も、現在の認識にすぎません。

未来はどこにあるのか？

未来も、私たちの頭のなかの映像や音によって構成されているにすぎません。

私たちが未来においてなりたい自分を思い描くとき、意識は未来に行っていることになります。たとえば、私が二年後にベンツに乗ってみたいと思い、イメージトレーニングでベンツに乗っている自分自身を体験します。洗練されたベンツの内装が見えます。しっかりとしたハンドルのグリップが見えます。運転しているイメージを見ていたとしたら、ベンツの静かなエンジン音も聞こえているかもしれません。それが新車ならば、あの独特の匂いも、リアルに感じるでしょう。

今度は私の意識は未来にタイムスリップしました。未来の心地よい世界にどっぷ

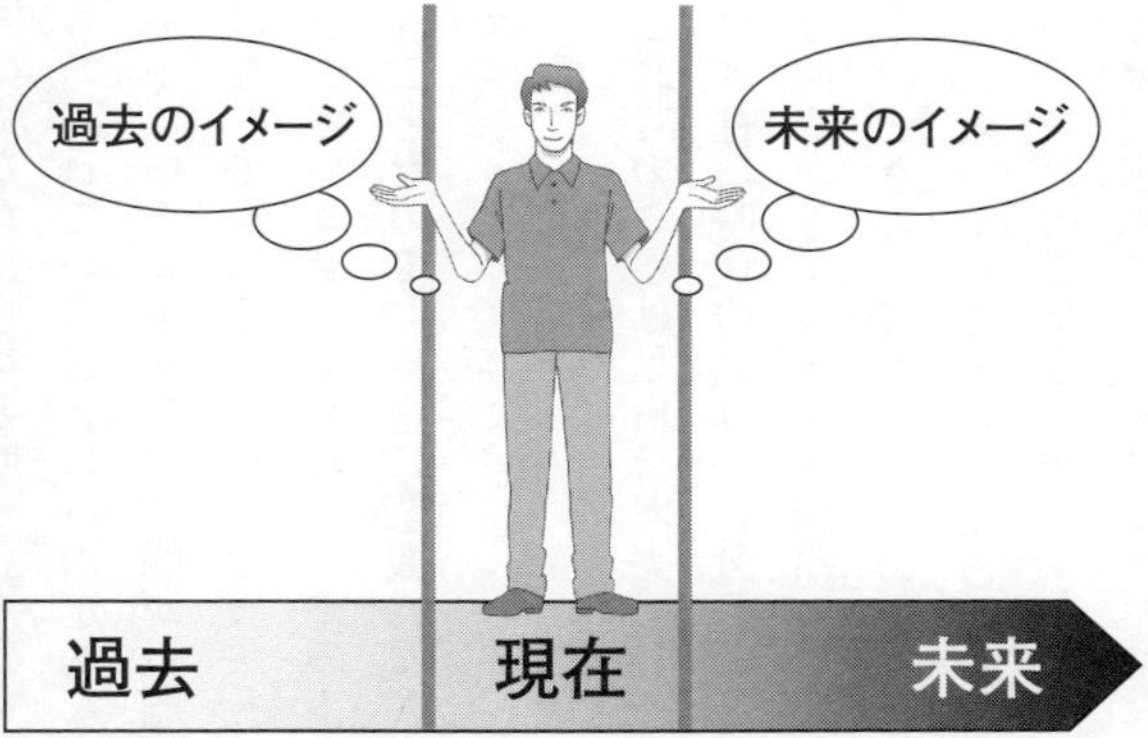

●過去も未来も現在の頭のなかの意識にすぎない

りと浸かっています。

では、これらの「映像」や「音」はどの時制で見たり聞いたりしたのでしょう。いうまでもなく、これもいま（現在）ですね。

要するに未来も現在の認識なのです。ですから、過去と同じく現在の状態に大きな影響を受けることになります。

つまり、あなたが、いま現在において絶好調ならば、楽観的になっているでしょう。そして楽観的になっているときは、自然に明るい未来を思い浮かべるのではないでしょうか？

たとえば、一度くらいは自信に満ちあふれていた時期があったでしょう。そのころのあなたは自然と明るい未来を思い描いていたのではないでしょうか。自信に満ちあふれているときに、否定的な未来はイメージしにくいものです。

一方、いま（現在）の状態が最悪だったら、自然と不安な未来が見えてしまうのではないでしょうか。自信を喪失してしまっていた時期、暗い未来が勝手にイメージされていませんでしたか。このように悲観的な人の特徴は「いま自信がない」ということなのです（逆に楽観的な人の特徴は「いま自信がある」ということになります）。

これらのことは私自身が実感しています。

ダメ社員時代の私は、自分のことを仕事ができない人間だと思っていました。自分は何もかもがダメな人間だと思い込んでいたのです。

そのときの私は過去をどのようにとらえていたのでしょうか。「どうしてこんな会社に入ってしまったのだろう」「違う大学に行っていたら、いまとは違う結果になっていたのではないか」などというように、後悔ばかりしていました。

では、未来についてはどうだったか？　文字どおり「お先真っ暗」でした。何の希望ももてませんでした。

しかし、いまは違うのです。私はいましあわせだと思っています。現在の状況を肯定できる。いまの状態に心から感謝できるのです。

すると過去のことはすべて「おかげさま」と思えるのです。いま振り返ってみても、ダメ社員時代は私にとって過酷な時代でした。ほかの社員から無視はされるし、上司や経理の女性社員からは何度も怒られました。簡単な仕事でミスを重ねて社長に殴られたこともありました。その時代はたしかに過酷ではあったけれど、この時代があったからこそ、いまの私があるのだと思える。過去に感謝できるのです。

未来については、いまよりももっとしあわせになっているイメージしか湧きません。願っていることがどんどん実現するシーンばかりが浮かぶのです。

つまり、いま（現在）の状態がＯＫならば、未来のイメージはよいものしか浮かばないのです。無意識に、常によい未来をイメージする状態になるのです。そしてこれは、まったく自然に（力が入っていない状態で）、そして完全に無意識レベルでイメージトレーニングを毎日行っているということを意味するのです。

このように、**現在を肯定できている人は過去もＯＫ、未来もＯＫという心境なの**

です。要するに、過去の価値を決定しているのも未来の価値を決定しているのも、現在の状態なのです。もし、あなたが「いまの自分をどこまでも肯定できる自分をつくること」ができたなら、もはや過去の後悔も未来への不安もありません。あるのは、過去への感謝と希望ある未来なのです。いわば、人間にとって究極のしあわせな状態ではないでしょうか。

だれでも無意識にイメージトレーニングをしている

先ほど、私たち人間は「完全に無意識レベルでイメージトレーニングを毎日行っている」とお伝えしました。それは、よい意味でも悪い意味でも当てはまります。

ダメ社員時代の私は、毎日過去を振り返っては後悔に浸り、未来を見てはお先真っ暗だと嘆いていたのです。つまり、毎日否定的なイメージトレーニングを無意識に続けていたということです。気づかないうちにどんどん現在の状態が悪くなっていく。すると未来にイメージしているとおりの悲惨な出来事ばかりを体験することになる。つまり、**引き寄せるものを決定しているのは、いま（現在）の自分自身の状態なのです。**

いままで多くの方は、イメージトレーニングは意図的に行うものだと教えられてきたのではないでしょうか？

ここまでこの本でも、イメージトレーニングは意図的にセルフイメージを変えるためや、願望実現のイメージを強烈に脳に叩《たた》き込むための手法としてお伝えしてきました。しかし、人間はいつでもどこでもイメージトレーニングを、それとは気づかずに行っているものなのです。

ここでしっかりとお考えいただきたいのです。

あなたが、何もかもうまくいっていて自信があるときには、将来も希望に満ちていて「ああしよう」「こうしよう」とあれこれ思案しているでしょう。そんなとき、あなたは決してイメージトレーニングをしているなどと思ってはいないでしょうが、その体験は現実ではなく頭のなかの想像上の体験のはずです。**そして自信に満ちあふれているとき、あなたは頭のなかで、「できて当然」と感じながらシミュレーションをくり返しているのです。**

このような想像はもちろん〝快〟ですから、アソシエイト（実体験）します。アソシエイトしているということは、五感をフルに使った強いイメージトレーニングをしている状態です。よって、脳にセルフイメージとして焼きつきます。脳は実際の体験と架空の体験の区別がつかないと前にも述べました。

このように、あなたが何気なく想像上の未来を頭のなかで描くとき、それはイメージトレーニングをしているのと同じ、いやそれ以上の効果をもたらすのです。これまでも、意識よりも無意識のほうが圧倒的にパワフルであることをお伝えしてきました。イメージトレーニングも同じです。イメージトレーニングにも意識的に行うものもあれば、ここでご紹介したように無意識に（気づかずに）行っているものもあるでしょう。当然、無意識に行っているもののほうが、多くの場合自然でリアルなのです。どちらがパワフルなのかはいうまでもありません。

これは、**願望実現の極意といってもいいほどの発想なのです。**

もう一度いいます。私たち人間は、いつも無意識にイメージトレーニングを行っているのです。

この本でもイメージトレーニングという手法をご紹介しました。みなさんのなかには、新しい手法を学んだと思っている方もいらっしゃるでしょうが、実はイメー

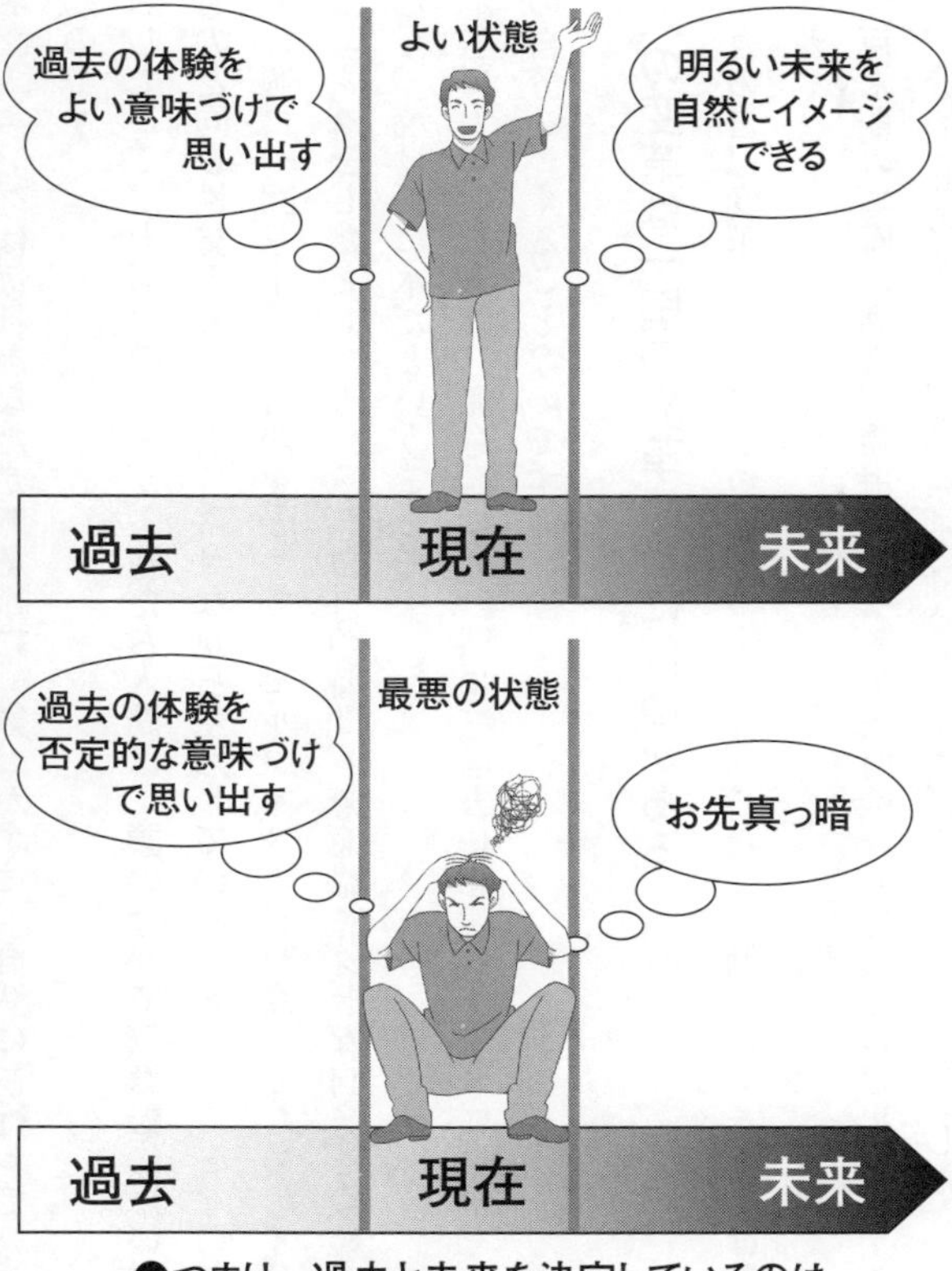

●つまり、過去と未来を決定しているのは
現在の状態である

ジトレーニングは毎日あなたが無意識に（気づかずに、自然に）行っているものだったのです。

そしてここが大切なのですが、**私たち人間は、頭のなかで無意識に思い描いているものと同じ性質のものを引き寄せながら生活している**、ということなのです。

仮に週に一回三十分の時間をとって、セルフイメージを高めるためのイメージトレーニングをしたとしても、それ以外の時間、無意識にダメな自分を責めていたとしたら、焼け石に水だということです。

本当に大切なことは、無意識に（自然に）過去に感謝し、未来に希望をもてる現在の自分をつくることなのです。

個人の変革は一国の変革ほどに価値がある

個人の自己変革とは、ひとつの国の変革と同じだけの価値があるのではないでしょうか。

江戸末期の幕府の高官、勝海舟は、その当時軽々しく命を投げ出す志士たちを見て、「人ひとりの命は一国と同等の価値があるのに」と嘆いていました。

当たり前のことですが、もし私という意識がなければ、私のなかには日本という国は存在しません。同じように、もし、自分自身のあり方が変わったら、外の環境とは関係なくしあわせになれるはずです。前にご紹介したとおり、あらゆる物事は無色透明であり、世界をどのように認識するかは私たちのものの見方にかかっているからです。

これは、**自分という人間が変化してものの見方が変わったなら、世界も同時に変わったように見えるということを意味しているのです。**楽観的な人は過去にも未来にもよいイメージを見る傾向があるとお伝えしました。すると、現在楽観的な人が「いま・ここ」において外の世界を見たときに、どのようなものに焦点が当たるのでしょうか。

当然現在の状態がよいのであれば、その状態にふさわしい世界が見えるはずです。世の中には、世界には、本当に無数の情報があふれているのです。そして、何を見るかは、その人の現在の状態にかかっているといっても過言ではないのです。

「過去と他人は変えられない」という言葉を聞いたことがある方も多いと思います。同じく、外側の世界もそう簡単には変えられないでしょう。しかし、あなた自身が自己変革したならば、見える世界は変わるのです。

同様に過去のとらえ方も変わるし、他人の見え方も変わるのです。過去に対する感じ方が変わるということは、過去が変わったといってもよいのではないでしょうか。他人についても、その人への感じ方が変化したときには、自分自身が変化したといっても過言ではありません。

そう考えると、「自己変革」とはすごいことだと思いませんか？

簡単かむずかしいかではなく、五年でも十年でも続ける価値があると思いませんか？

どうか、心の底でこのメッセージを感じて吟味していただきたいのです。

「自己変革」を目標に、日々「アズ・イフ・フレーム」や「リフレーム」といったこれらのスキル、そして、第5章で紹介した「チェインプロセス」というワークを、ぜひ実践していただきたいのです。

そうすれば、きっと道の途中でいくつもの変化があるでしょう。その変化を感じながら、長く継続していただきたいと思います。

願望実現は本当のしあわせをつかむためにある

さて、最後にひとつ質問したいことがあるのです。

仮に、あなたが抱いている願望がかなったとしましょう。

願望を実現したいま、**あなたは本当にしあわせでしょうか？**

心の底から**「自分はいましあわせだ」**といえるでしょうか？

私たちの人生は、過去にたまたまできたプログラムに絶大な影響を受けています。

私たちは過去にできたプログラムどおりに反応している、といえます。そしてそのプログラムの正体は、偶然の体験がつくりだした思い込みでした。

だとすると、私たちが抱いている願望そのものも思い込みに汚染されている可能性があるのです。

たとえば、あなたがある有名企業に入りたいと思っているとしましょう。

その背後には、「有名企業に入る人は優秀だ」という思い込みがある可能性があります。

ゆえに、有名企業に入ったら他人に自慢できる、有名企業に入ったらモテるだろう、「だから有名企業に入りたい」という動機が生まれる。

もちろんその動機を否定するつもりはありません。どんな動機をもとうとそれは人の自由です。

しかしそのときに考えるべきなのが、「それで本当に自分はしあわせか？」「本当に自分の人生にプラスになるか？」ということではないでしょうか。

「有名企業に入る人は優秀だ」というのは真実ではありません。有名企業に入った人の一部をいっているにすぎません。ただし、世間一般のある程度共通した認識になっていることも事実です。

しかしだからといって、世間の価値観があなたをしあわせにするとは限りません。むしろ世間の価値観にこだわることは、あなたを苦しめる場合のほうが多いのです。

つまり、世間の価値観にとらわれることなく、自分の抱いている願望が自分にとって真に価値あるものなのかどうかを考えるのが大事だと思うのです。

私もかつては年収をもっと上げたいと思っていました。年収が上がったらスポーツカーを買いたいと思っていました。私の子どものころはスポーツカーブームでした。当時の憧れが大人になっても残っていて（「スポーツカーはカッコイイ」というプログラムが幼少期にできたわけです）、ぜひ買いたいと思っていたのです。

願望実現セミナーを行う人間として、願ったものが手に入っていないようでは説得力はありません。なので長年の憧れであったポルシェを買いました。年収は会社員時代の十数倍になりました。どちらも、実際手にしてみてたしかに少しはうれしかったのですが、ではそれが本当にしあわせなことかと聞かれれば、案外そうでもなかったのです。

それよりも初めてセミナーを開き、受講生の方が真剣に聞いてくれたことのほうが、何十倍もしあわせに感じました。受講生の方がセミナーの内容に感銘してくれたり、セミナーのあとに「こんなによい変化がありました」と連絡をしてくださったときのほうが、何百倍もしあわせに感じます。

つまり本当のしあわせとは、一瞬一瞬において豊かな時間を過ごすこと、自分らしい時間を過ごすことだと思うのです。

仕事をしている人なら、本当に自分らしい仕事をすること、ドキドキワクワクするような仕事をすることこそがしあわせなのではないか、と。

人は本来、その人らしい、その人だけの力、能力を必ずもっています。

たとえばチーターは努力して足が速くなったわけではありません。鳥は努力して空を飛べるようになったわけではありません。

チーターは努力しても鳥のように飛べるようにはならないし、鳥は努力してもチーターのように速く走れるようにはなりません。速く走る力はチーターが、飛ぶ力は鳥がもともともっていたものなのです。

そして人間もまた同じように、人それぞれ、その人なりの力をもっているはずなのです。**その自分らしい力、自分らしい能力を活《い》かして生きることが、真のしあわせなのではないか、と思うのです。**

これまで願望を実現するためのスキルを説明してきましたが、私は、そのスキルを思い込みに汚れた願望のためではなく、「あなたの真のしあわせ」のために活用していただきたいと切に願うのです。

あとがき

初めて大阪で「願望実現五か月コース」という長期セミナーを行ったとき、私はトレーナーとしてデビューしたばかりで、願望実現を語るにはほど遠い人間でした。二万円ほどで買ったみすぼらしいスーツを着て、まともなセミナー会場も借りられず、画家が集うアトリエを安く借りてセミナーを行っていました。それでも、そのコースには十名もの受講生の方々が参加してくださいました。

本書でもご紹介しましたが、関西に帰って一年だけ好きなことをしようと決めた私は、どうしても人間の可能性について、お伝えしたかったのです。そのセミナーの最初に、「私は成功者でもなく、願望も実現していません。しかしこの五か月の間に、願望を実現してみせます。私自身が必ずそれをやり遂げます。その姿勢を見てほしい。そして、このグループのみなさんと一緒に全員で願望を実現したい」と熱い思いで語ったのを覚えています。

実際そのコースは尋常ではないエネルギーに満ちあふれ、火花が散るほどの激しいセミナーになりました。会場が借りられる五時までは、伝えたいことの半分も伝えられないことが多く、カラオケボックスに行っては、もっとも広い部屋に入ってレクチャーとワークの続きを行いました。そして夜遅くまで語りました。

そのコースの期間中、私を含め多くの受講生は、驚くほどの変化を体験しました。人間は本当にすごいのだと実感し、私はこのセミナーをやりつづけようと決意したのです。

そのときの体験がなければ、いまの私はなかったでしょうし、この本が世に出ることもなかったでしょう。まさに細い一本の綱を渡って、ここにいるように感じています。

どんな人でも、振り返ってみると道は一本しかない――このように考えると、すべては必然の体験の連続であり、すべての体験に感謝の気持ちしか感じられません。

当時、私を育ててくださった受講生のみなさまに感謝いたします。その後も、心ある受講生のみなさまに支えられて、いまの私がいます。どんなに感謝しても感謝しきれません。

最後になりましたが、サンマーク出版の斎藤竜哉さん、黒川可奈子さん、構成を担当してくださった山田由佳さん、図版に関してご協力いただいた上羽未記さん、そして事例を提供してくださった受講生のみなさまに、この場をお借りしてお礼申し上げます。本当にありがとうございました。

二〇〇九年一月

山崎　啓支

本書は二〇〇九年二月に小社より刊行された単行本『願いがかなうNLP』
を改題し、内容を一部改変して文庫化したものです。

サンマーク文庫

「体感イメージ」で願いをかなえる

2014年10月10日　初版印刷
2014年10月20日　初版発行

著者　山崎啓支
発行人　植木宣隆
発行所　株式会社サンマーク出版
東京都新宿区高田馬場2-16-11
電話 03-5272-3166

フォーマットデザイン　重原 隆
本文DTP　J-ART
印刷・製本　株式会社暁印刷

落丁・乱丁本はお取り替えいたします。
定価はカバーに表示してあります。

ISBN978-4-7631-6054-6 C0130

ホームページ　http://www.sunmark.co.jp
携帯サイト　http://www.sunmark.jp